ESPACES ATYPIQUES

____Vivre autrement

ALIX de DIVES
SERGE GLEIZES
PHOTOGRAPHIES
JEAN-MARC PALISSE

ESPACES ATYPIQUES

Vivre autrement

Éditions
de La Martinière

AVANT-PROPOS

Depuis plus de dix ans, nous arpentons l'Hexagone à la recherche de biens insolites à vendre et nous accompagnons nos clients dans la quête de l'habitat de leurs rêves, promesse d'une vie différente. Passionnées par la décoration, l'architecture et les arts, nos équipes Espaces Atypiques partagent avec nos clients cet attrait pour ces lieux coup de cœur et cet art de vivre.
Les habitants d'espaces atypiques sont des épicuriens, des esthètes, des passionnés. Ils ont en commun le goût des belles choses, une sensibilité artistique et souhaitent investir un lieu qui leur ressemble.
Nous avons voulu réunir dans ce livre une sélection des plus beaux espaces atypiques que notre réseau a commercialisés. Leurs propriétaires ont eu la gentillesse de nous ouvrir leurs portes et nous ont confié l'histoire de leur habitation, qu'ils l'aient créée de toutes pièces ou qu'ils l'aient transformée pour se l'approprier.
Les architectes et les décorateurs qui ont mené à bien ces projets personnels ambitieux témoignent et nous éclairent sur les objectifs, les travaux effectués et la décoration de ces biens intérieurs.
Les espaces atypiques peuvent être petits ou grands, à la ville, à la campagne, à la mer ou à la montagne, dans un bâtiment au passé industriel ou commercial ou dans une construction moderne, en pierre, en bois, en béton, en verre ou en métal, avec des formes rectilignes ou organiques, dans un style décoratif design, scandinave, bohème, industriel, campagne, vintage...
Ces lieux sont d'une grande diversité : un loft industriel, un atelier sur cour, une maison d'architecte, un penthouse, un souplex, une grange réhabilitée, une péniche, un chalet contemporain, d'anciennes chambres de bonne mansardées, une école, une gare, un relais de poste... Ils sont tous uniques et reflètent la personnalité de leurs habitants et leur mode de vie particulier.
Bonne découverte !

Julien Haussy
Fondateur et dirigeant
Groupe Espaces Atypiques

PRÉFACE

L'envie d'un habitat sur mesure, le goût de l'harmonie, le besoin de se démarquer du pavillon ordinaire caractérisent un imaginaire contemporain en matière de logement dont la maison est un vecteur intemporel.

Les maisons d'Espaces Atypiques se distinguent par la profondeur et l'intensité de la réflexion spatiale dont elles ont fait l'objet, par la qualité des prestations (matériaux, surfaces) et par la cohérence du résultat. Ainsi, chaque détail est déterminant, une vue intérieure, un cadrage sur le paysage, une prise de lumière, un assemblage de couleurs, une combinaison de matériaux, un mobilier ajusté. Ce sont des maisons originales qui peuvent parfois s'inspirer du Mouvement moderne des années 1930 aux années 1960, qui avait la volonté de casser les codes esthétiques et pratiques de l'époque. Le lexique architectural moderne, les modes de vie anticipés, l'intégration de la technologie ont conduit alors à une architecture de rupture avec la quasi-disparition de la référence aux signes pittoresques de la maison traditionnelle.

Le luxe assumé, sans ostentation, et un désir d'architecture, plus fréquent parmi les classes cultivées, font de ces espaces atypiques des œuvres qui se détachent nettement de la production de masse, contrainte par les prix et les modèles de catalogue. Des œuvres qui sont le résultat d'un travail minutieux de conception et d'aspirations orientées vers l'accomplissement d'un lieu de vie en osmose avec ses désirs.

L'originalité se puise parfois en faisant corps avec une nature omniprésente (le roc, le fleuve, la campagne) cherchant une consonance oubliée avec les éléments de la terre (ciel, eau, site), sans faire l'impasse sur le confort contemporain. Ce n'est pas la grotte troglodytique des paysans chinois ou des peuples des montagnes, ni l'ascèse d'un habitat écologique minimaliste qui exclut les pratiques consuméristes.

D'autres fois, ou en même temps, un choix fort des résidants s'exprime dans la mutation d'édifices dont la première vie s'est éteinte, un garage, un atelier, une fabrique, une péniche. C'est une manière de se rattacher à une histoire. Le pari est aussi de convertir un espace de travail en habitat, conversion peu évidente tant les codes spatiaux d'une culture domestique sont spécifiques.

Dans les années 1970, le loft était une réponse à un changement d'usage, faisant passer les logements traditionnels d'un univers cloisonné à un autre, où l'essentiel est le volume, la vue, la transparence. Le bien-être sensible en était une des finalités, peut-être juste esquissé pour devenir la règle des aspirations contemporaines en matière d'appropriation. L'une des conséquences a été de créer aussi un autre type d'habitat urbain, de réinvestir la ville, de requalifier des quartiers populaires et de redonner vie à des lieux abandonnés. La gentrification qui en résulte a été jugée ambiguë : annonce de la fin d'un monde où les classes populaires faisaient la ville ; régénération urbaine pour réanimer des quartiers en déshérence. Le génie du lieu, porté par une occupation ancienne, légitime la volonté de garder les traces du passé, de les sublimer, pour donner une autre vie à l'édifice. C'est l'équivalent de l'âme des maisons familiales qui se transmettent de génération en génération. Conserver la mémoire des parents, des grands-parents ou plus, inscrite dans la pierre et dans les souvenirs des personnes. Nous avons affaire à un processus sociologique fondamental, l'ancrage d'une identité personnelle et sociale dans son espace de vie, l'un des rares lieux où s'exprime la liberté de l'individu.

La mise en scène des maisons et de leur identité est une forme de représentation de soi, tout comme le vêtement ou les langages du corps (coiffure, maquillage, tatouage). S'exposer aux autres par l'affichage de son intimité résidentielle passe par un cadrage des espaces nobles du logement. Leurs occupants affirment leur réussite, sûrs de leurs choix singuliers. Ainsi la piscine enrichit le cadre domestique familier. Localisée à l'intérieur de la maison, elle accentue un signe social distinctif tout en bonifiant un mode de vie. Les terrasses, elles, suggèrent la contemplation paisible grâce à un art de vivre domestique qui lie intérieur et extérieur. La recherche d'une sensation d'espace est aussi essentielle, symbole d'une qualité de vie plus que l'intégration des nouvelles technologiques de communication (domotique) dans l'espace habité. Ces dernières améliorent le confort (gestion de l'ambiance intérieure, de la sécurité, des liens extérieurs par Internet) plus qu'elles n'affectent l'organisation de l'architecture.

Ouvrir sa maison aux autres procède d'une exposition de soi dans des sociétés contemporaines d'hyper-médiatisation, dans un souci de reconnaissance bienveillante sans exhibitionnisme sulfureux. Le logement, son logement, possède un fort pouvoir d'identification, pour soi et pour les autres, autant que le travail, l'éducation ou la fortune, moyens de se positionner sur l'échelle sociale. Il est l'épicentre des pratiques sociales pour tous, jeunes, anciens, adolescents, enfants, couples, familles, communautés. Il traduit un rapport au monde instruit par une expérience passée et par une projection sur l'avenir, essentiels pour la vie collective et l'expression de désirs personnels. Le phénomène concerne toutes les catégories sociales : que l'on soit riche ou humble, membre des classes supérieures ou des classes populaires, migrants ou sédentaires, la maison et ses espaces de vie établissent un mode d'existence. Il est ainsi permis aux habitants de laisser leur empreinte personnelle dans la conception de leur espace de vie, exprimée de façon raffinée, avec assurance et volontarisme dans le cas d'Espaces Atypiques.

Guy Tapie, professeur de sociologie
École nationale supérieure d'architecture et de paysage de Bordeaux

SOMMAIRE

1

HISTOIRES DE MÉTAMORPHOSES

THIS IS YOUR LIFE.
LIFE IS SIMPLE.
TRAVEL OFTEN.
LIFE IS SHORT.
AND SHARE

UN ANCIEN ATELIER DE CANUTS

Situé sur le plateau de la Croix-Rousse, cet ancien atelier de canuts fait partie du patrimoine architectural et culturel lyonnais. Transformé en un loft lumineux et contemporain, c'est devenu un lieu de vie familial qui a rompu avec son passé mais pas avec son charme.

LYON | 68 M² | 1800 | RÉNOVÉ EN 2013

Quatrième étage sans ascenseur. Et là, un bain de lumière et de calme grâce à la belle hauteur sous plafond de presque quatre mètres, et les grandes baies vitrées donnant dans le ciel. Conçu pour accueillir des métiers à tisser la soie, cet ancien atelier datant du XIXe siècle a donc été transformé en un lieu de vie, dans l'esprit de ces espaces industriels reconvertis, et sur lesquels plane une magie intemporelle. Il s'étend désormais sur soixante-huit mètres carrés et se répartit en deux niveaux desservis par deux escaliers. Le premier, en métal, aérien et graphique, est fixé contre l'un des murs de la pièce de réception et ressemble à une sculpture. Le second, en bois, plus artisanal, renoue avec la poésie du lieu. Au premier niveau, entrée, cuisine, bureau et salon s'orchestrent pour créer un espace de vie lumineux et chaleureux. Au second, la salle de bains voisine deux chambres sans fenêtre, mais non obscures pour autant, la lumière provenant des cloisons en verre de la mezzanine. «La création de ces ateliers de canuts était déjà visionnaire à l'époque», précise Alexis, lui-même petit-fils de canuts. «Qu'ils soient réhabilités ou non, ils ont toujours gardé leur spécificité et sont de plus en plus recherchés pour leurs volumes, leur lumière, leur emplacement, leur authenticité, et l'histoire qu'ils entretiennent avec les manufactures et les industries de la soierie lyonnaise qui remontent au XVIIIe siècle. C'est-à-dire une belle hauteur sous plafond, des poutres transversales et de la pierre un peu partout.

Page de gauche : La pièce principale de cet ex-atelier de canuts illustre sa fonction première. Dans la partie sous hauteur de plafond se situaient les métiers à tisser, l'espace sous mezzanine étant voué aux stocks textiles et aux outillages divers. Au niveau supérieur logeait le canut avec sa famille…

Ci-dessus : Portrait d'Alexis dans cet atelier, Lyonnais pur jus et lui-même descendant d'une famille de canuts. Spécialiste de ce type d'habitat, il nous entretient de cette réhabilitation particulière à la ville des soyeux.

Réalisés par les meilleurs artisans d'art de la région, on les avait donc conçus pour être des lieux professionnels, destinés à recevoir en l'occurrence des métiers à tisser, et à devenir par la suite des lieux de vie. »

INSCRIRE L'ESPACE DANS LA MODERNITÉ

L'actuelle propriétaire, une mère avec deux enfants, l'a acquis tel quel, puisque le lieu avait déjà bénéficié d'importants travaux de rénovation. C'est dans le respect de ce qui avait été réalisé et dans le souci de revaloriser l'ancien sans sombrer dans le passéisme qu'elle a engagé de nouveaux travaux d'embellissement, jouant ainsi la carte du charme et du vintage. Faite avec délicatesse, la rénovation a donc consisté à faire ressortir les poutres et les tommettes du sol, à sabler les pierres, poser des parquets, créer des verrières au look industriel et des fenêtres sur mesure, et faire repeindre en blanc les murs avec une peinture de chez Farrow & Ball. En résumé, à revenir à l'originel pour inscrire l'espace dans la modernité.
Pour la décoration, la maîtresse des lieux, fan d'icônes du design et de meubles de récupération, a assemblé dans une harmonie soignée sans être guindée une foule d'objets et de mobilier vintage qu'elle déniche aussi bien sur Internet que dans ses boutiques préférées : Rosanna Spring, Hyggelig, Le Dadashop, 35 octobre, Bonnesœurs, Baralinge... Tel ce coffre ancien sur lequel la télévision a été posée et qui a été chiné aux Puces du Canal de Villeurbanne, cette suspension industrielle du salon venant de chez Kaolin, ce tapis trouvé au Petit Souk, ce fauteuil en osier Bloomingville acheté sur le site thecollrepublic.com et les tabourets Tolix pour la cuisine.

Détail de la poutraison du plafond, remise à découvert par les restaurations récentes. Les structures métalliques de la verrière viennent épouser intimement le bois pour une isolation thermique et phonique maximale.

La chambre parentale, située en mezzanine, adopte le principe originel de ces ateliers : fonction jour et travail au niveau 0, fonction nuit et repos à l'étage. Pour plus d'intimité, une verrière sépare aujourd'hui ces deux espaces. La pièce étant aveugle, le maximum de clarté est préservé grâce à cette cloison translucide.

Ci-dessus : La propriétaire de cet atelier a adopté une décoration décontractée dans la tendance bohème : mobilier chiné, récupéré ou customisé, qui s'intègre sans façon dans ce lieu autrefois voué au travail des artisans du textile. Suspension industrielle, palette de chantier en guise de table basse, tabourets d'atelier et chauffeuse en rotin vintage. Tout en transparence et légèreté, l'escalier dessert les chambres à l'étage.

Page de droite : À la jonction du mur et du plafond, l'extrémité des poutres a été délicatement soulignée par un double bandeau de peinture gris pâle et blanche.

Ci-contre : Vu de la cuisine, le salon avec ses deux grandes fenêtres. Banquette - munie de coussins de lin gris et jaune curry - réalisée avec des palettes de chantier, tout comme la table basse, posée sur un tapis marocain.

Page de droite : La mini-salle de bains jouxte la chambre parentale. Sous les poutres, les murs ont été enduits et peints pour une part, et en pierre apparente au joint souligné de blanc d'autre part. Service minimal pour l'équipement, composé d'une baignoire encastrée et d'un meuble vasque bleu pâle sur un sol en carreaux de ciment en camaïeu de bleus.

Double page suivante :

À gauche : Dans le quartier de la Croix-Rousse, l'escalier à volées libres, dit « des Voraces », construit en 1840, desservait 6 étages d'ateliers canuts. Symbole de la révolte ouvrière canuse et - tout à la fois - du glorieux passé soyeux de la ville de Lyon, il est classé monument historique et patrimoine de l'Humanité.

À droite : À la Croix Rousse, l'escalier qui mène au 4e étage de cet immeuble où se situe notre atelier de canuts. Ici, 3,85 m sous plafond à chaque niveau, pour permettre aux métiers à tisser d'accéder. Certains vont jusqu'à 5 m de hauteur pour les métiers de grande envergure.

SPACE

VARIATIONS MONOCHROMES

Il ne reste rien de cette ancienne fabrique de poupées, située dans un immeuble de Villeurbanne datant du début du XXe siècle, qu'un jeune couple avec deux enfants a acquis en juillet 2017. Ils en ont fait un lieu chaleureux et lumineux en mélangeant toiles d'inspiration street art aux couleurs fortes avec un mobilier contemporain aux lignes sobres.

VILLEURBANNE | 222 M² | 1960 | RÉNOVÉE EN 2006

C'est un volume blanc, rythmé par des poutres en métal grises, éclairé par de grandes baies vitrées graphiques. Un espace d'autant plus surprenant que l'entrée de l'immeuble, fort discrète et simple dans son standing et son architecture, ne laisse en rien supposer un tel lieu de vie.

« Nous habitions auparavant dans un appartement très classique, raconte Janick, la maîtresse des lieux, qui travaille dans la recherche clinique et l'industrie pharmaceutique, nous ne pensions pas vivre un jour dans un tel type d'habitation. Nous recherchions de l'espace, et plutôt une maison. Mais dès que nous avons visité ce loft, ce fut le coup de foudre car il répondait à toutes nos attentes du volume, de la lumière, de la sobriété, de la modernité, avec un petit espace ouvert sur l'extérieur. Et tout cela sans avoir à s'isoler à la campagne, car nous avions en revanche comme impératif celui de rester en ville, pour nous rendre à notre travail sans avoir à prendre notre voiture et surtout être proches de l'école de nos deux enfants qui y vont à pied ou en métro. »

Le côté atypique de ce loft réside dans sa belle hauteur sous plafond de cinq mètres, dans ses passerelles de l'étage desservant les chambres, dans ses poutres IPN en métal qui font partie de la structure originelle et dans ces grandes baies vitrées qui ont remplacé les fenêtres d'atelier d'origine. Un espace convivial et lumineux dont la clarté est accentuée par la blondeur du parquet en chêne.

Deux cent vingt deux mètres carrés en tout, répartis sur deux niveaux et desservis par un escalier en colimaçon et en métal. Comprenant une cuisine, une chambre

Page de gauche : La cuisine italienne Comprex révèle sa belle sobriété lumineuse. Plans de travail en chêne naturel sur éléments blanc pur entourés d'une batterie de chaises de bar en black & white pour le coin repas. En crédence, œuvre polychrome d'esprit street art, *Space*, réalisée par Mathias.

Ci-dessus : Sur sa coursive, Janick, propriétaire de ce loft avec son mari Mathias. En famille, ils jouissent de ce bel espace restructuré par le précédent propriétaire.

avec coin douche et surtout une pièce principale répartie en salon, salle à manger, home cinéma et espace baby-foot, le rez-de-chaussée donne également sur une cour intérieure privatisée et un patio couvert. Réorganisé selon le même souci de lumière et de simplicité, l'étage comprend trois chambres et deux salles de bains. « La restauration avait été faite par l'ancien propriétaire il y a une dizaine d'années, poursuit la jeune femme, et lorsque nous avons acquis ce lieu, nous avons eu la chance de le trouver dans cet état. Nous avons alors seulement engagé quelques travaux de peinture, d'embellissement et d'isolation. »

ÉPURE ET STREET ART

Pour la décoration, la sobriété fut également de mise afin de ne pas surcharger les volumes et d'inscrire le loft dans la modernité sans sombrer dans un excès de rigueur et d'austérité. Le couple a donc opté pour l'épure et la monochromie, en ponctuant cette dernière de touches de couleur qui viennent essentiellement des peintures réalisées par le maître des lieux travaillant dans le design sonore, et auteur à ses heures de tableaux aux couleurs flamboyantes exécutés à l'acrylique. Il a également customisé de tonalités vives et de motifs très graphiques la table du salon placée devant un canapé vintage en cuir. Ses toiles se marient fort bien avec des œuvres d'amis, telle celle de Jakè, artiste lyonnais du street art, placée au-dessus du canapé gris. Avec un sens subtil des couleurs, des volumes et de l'accrochage, le couple a donc mélangé le mobilier rapporté de leur ancien appartement avec des meubles aux lignes sobres et aux tonalités neutres, qu'ils acquièrent petit à petit en parcourant des galeries de design et les Puces. « C'était important pour nous de vivre dans un lieu qui soit calme, convivial et surtout très vivant. C'est fort agréable de se voir de pièce en pièce, d'être proche les uns des autres, sans jamais se gêner. Et cela aussi bien pour se retrouver le soir en famille que pour recevoir nos amis, surtout lorsque je cuisine... »

Ci-contre : Sur la table basse, customisée en hommage à Keith Haring par Mathias, le maître des lieux, ouvrage sur les Super Héros de Martin Winckler. En guise de marque-page, un crocodile en résine noire...

Page de droite : Côté Salon, le canapé en cuir fauve Poltronesofà répond au sofa en tissu gris d'Ikea surmonté d'une œuvre de l'artiste de street art lyonnais Jaké. En amorce, le baby-foot Bonzini poursuit l'esprit ludique de la table basse, œuvre clin d'œil à Keith Haring, réalisée par Mathias.

SPACE

Double page suivante:

À gauche: Face à la grande baie en verre dépoli, qui court sur toute la hauteur, la façade, les deux niveaux de l'espace de vie se révèlent dans leur ampleur. Le goût des propriétaires pour la BD, les Comic Strips et le street art s'affirme ici en cimaise. De gauche à droite: œuvre de Mathias, toile du graphiste lyonnais Jaké, et hommage en pixels à La Vache qui Rit de Benjamin Rabier par le maître des lieux! Fauteuil rose shocking, châssis de toiles vierges et tour de CD habitent le volume.

À droite: Sous la coursive, la salle à manger, avec sa table Roche & Bobois et ses chaises *DSW* Charles & Ray Eames sur un parquet en chêne teinté fumé, est éclairée par la verrière à grand maillage et le lampadaire Ikea. Un polyptique de La Vache qui Rit fait écho en 6 séquences à celui figuré dans le salon, tout en animant les murs blanc de blanc de l'espace repas.

Ci-dessus: Les IPN, toujours vêtus de noir, soutiennent la structure et consolident ce vaste volume avec ses 6 m sous plafond. Les grandes verrières façon Mallet-Stevens ont remplacé les vitrages d'atelier originels. Ceinturés d'acier, les hauts piliers en béton sont solidement arrimés à la coursive supérieure et solidarisent tous les éléments de l'édifice.

Page de gauche: Ode au noir et blanc! Toute l'architecture des lieux est placée sous le signe de cette dualité. L'escalier hélicoïdal déroule sa main courante en rubans d'acier noir pour atteindre l'étage nimbé de blanc.

MĒLANGES SUBTILS

Jouxtant un grand parc de la ville, cette maison aux lignes radicales affiche des partis pris architecturaux forts, telle cette partie centrale habillée d'une tôle en acier Corten. Une rénovation signée David Juet, architecte nantais spécialisé dans les lieux sensibles proches de la nature.

NANTES | 285 M² | ANNÉES 1950 | RÉNOVÉE EN 2012

C'est l'histoire d'une métamorphose. De résurrection, de seconde vie. Car à l'origine, c'était une petite maison toute simple de quarante mètres carrés avec sa façade en enduit, une maison de ville construite au cœur de Nantes dans les années 1950. Première mutation dans les années 1990. Un architecte la rachète et la gratifie d'une première extension. Puis lui fait subir une nouvelle métamorphose en ajoutant une seconde extension à la première, amenant ainsi la surface habitable à trois cents mètres carrés. C'est ainsi que le couple de propriétaires actuels achète la demeure et confie les travaux de rénovation à l'architecte nantais David Juet, créateur de l'agence KOÏ ArchitectureS, spécialisée dans les résidences privées situées tout particulièrement sur les bords de mer, à la montagne, à la campagne, ou encore dans les lieux sauvegardés ou relevant du patrimoine. « En fait, le travail s'est avéré bien plus complexe que cela, précise ce dernier. Il y avait des incohérences au niveau de la circulation et surtout au niveau des volumes et de la qualité des espaces. Un fort dénivelé existait entre la rue et le jardin. Les pièces de vie étaient à l'étage alors que les chambres se trouvaient au rez-de-chaussée. » Si le travail se révéla épineux en pratique, il s'avéra en revanche limpide en théorie, et se résuma à gommer toutes ces incohérences en donnant une plus grande lisibilité et une véritable identité au lieu. Une partie de la demeure fut donc supprimée pour être reconstruite en un volume à double hauteur ayant désormais de grandes baies vitrées donnant sur le parc. Avec son toit en tuile à double pente, le volume central, la « rotule du projet », fut habillé d'un bardage en acier Corten sur lequel le temps a imprimé sa rouille.

Page de gauche : Le gingko biloba et les prêles affirment d'entrée le parti pris zen de la réhabilitation ! Le noyau central de la construction a été habillé d'une peau en panneaux d'acier Corten, disposés en diagonale. L'escalier en béton avec garde-corps en verre s'aligne sur ce graphisme et grimpe de la terrasse en lames d'acacia à l'étage des chambres.

Ci-dessus : Dos à l'édifice, l'architecte nantais David Juet – créateur de l'agence Koï ArchitectureS – qui a totalement restructuré cette maison de ville des années 1950.

UN PARTI PRIS DÉCORATIF DESIGN

Afin de gommer le côté désuet et redonner une âme au lieu, l'espace intérieur a été également entièrement remis à plat. Une importante réflexion sur les volumes, la lumière et la circulation a été réalisée. Certaines cloisons et pièces ont été supprimées. D'autres éléments ont en revanche été conservés, tel l'escalier qui a été traité en béton ciré. Les pièces de réception ainsi que la suite parentale se situent dorénavant au rez-de-chaussée, les chambres à l'étage.

Neuf pièces en tout, neuf mois de travail. « Bien que la toiture et la construction extérieure soient peu communes, le côté atypique de cette demeure réside dans le grand salon avec sa belle hauteur sous plafond et la passerelle en verre qui dessert les chambres. Autre atout du lieu, chacune de ces dernières a été imaginée comme une petite suite comprenant espace chambre, salon et salle de bains privée, explique David Juet. Et enfin, dernière originalité, le contraste entre cette grande maison de ville et le petit terrain de cinq cents mètres carrés sur lequel elle a été construite. »

Une même attention a été portée à la création de la terrasse en acacia qui donne sur le salon ainsi qu'au jardin paysager planté de prêles et d'érables du Japon, de bambou et de mousses... contribuant à la sérénité générale.

À l'intérieur, le choix d'une palette chromatique neutre, murs blancs, sols en béton et parquets clairs accueillent des icônes du design actuel. Passionnée de décoration, la maîtresse des lieux a choisi la plus grande partie du mobilier, mélangeant dans une harmonie sans emphase fauteuil *Proust* d'Alessandro Mendini, canapé de Ronan & Erwan Bouroullec, lampes de chez Artemide et de chez Flos, tabourets *Bubu* de Philippe Starck, tapis Ikea et meuble de cuisine Habitat... Un goût très sûr pour les contrastes.

Ci-contre : Dans l'entrée trône un baby-foot vintage, qui se reflète dans le miroir chiné, tout comme la grande jarre noire en résine sur laquelle est calligraphiée en relief une chanson des Beatles.

Page de droite : Depuis la passerelle translucide qui le surplombe, vue aérienne du salon. En majesté, le fauteuil *Proust* d'Alessandro Mendini chez Magis et le tabouret *Bubu* de Philippe Starck sur tapis Ikea. Le canapé à capitons des frères Bouroullec regarde la table basse en ellipse de Charles & Ray Eames et le fauteuil *LC1* signé Le Corbusier et recouvert de peau de vache. Le tout éclairé par un lampadaire *Tolomeo* chez Artemide et une suspension *Taraxacum* chez Flos..

Sur un sol en béton teinté noir et ciré, la cuisine donne de plain-pied sur le jardin. Elle s'organise autour des éléments Bulthaup et d'une armoire Habitat. Côté repas, les fauteuils *Masters* de Philippe Starck pour Kartell entourent la table BoConcept. Au-dessus de l'îlot central, hotte Elica Italy. Depuis ladite cuisine, autre vue du salon, sous la coursive.

La salle de bains de la suite parentale est intégrée à la chambre située en rez-de-jardin. Une cloison de verre fait office de séparation virtuelle. Dans les miroirs – face à la baignoire réalisée sur mesure en Corian blanc – se reflète la végétation.

Page de gauche: Un escalier intérieur à vis dessert la partie nuit. Marches et contremarches sont en béton poli teinté taupe, sur fond de paroi et de pilier central noir.

Ci-dessus: Focus sur les panneaux des façades en acier Corten rivetés aux angles. Au fil du temps, ils prennent une belle couleur orangée due à l'action de la rouille qui corrode le métal.

Ci-dessus : Un couloir d'eau longe l'édifice, souligné par des pas japonais bordés de prêles qui accentuent l'ambiance asiatisante des lieux : une volonté de l'architecte spécialisé dans les réalisations faisant corps avec la nature.

Page de droite : La terrasse communique avec le salon. Sertie elle aussi de prêles, elle fait office de salle à manger aux beaux jours. Sous les frondaisons odorantes du chèvrefeuille, table de jardin Kettler, sièges Kartell, Vitra et Casa et vaisselle BoConcept et Ikea.

Ci-dessus: En plein ciel, un pan de toiture couvert de dalles en zinc vient jouer les contrastes de matériaux avec le Corten qui le jouxte. Brillance et matité se répondent...

Page de droite: Le pignon asymétrique gainé de panneaux en acier Corten, percé d'ouvertures sur le jardin et le couloir d'eau qu'il surplombe, dessine son épure acérée sur l'azur breton. Les appliques cubiques, fabriquées dans le même matériau, éclairent de nuit le cheminement longeant la haie de prêles et le couloir d'eau.

UNE ANCIENNE MANUFACTURE DE TRICOT

D'une ancienne usine de tricot, la propriétaire, Marika Chaumet, également architecte d'intérieur, en a fait un loft familial sur lequel plane la poésie des couleurs et des matières patinées par le temps. Un lieu lumineux et poétique qui ressemble à une maison de campagne, illuminé par un patio central d'où l'on entend les oiseaux.

MONTREUIL | 262 M² | XIXᴱ SIÈCLE | RÉNOVÉE EN 2014

Ce fut preuve de courage et d'une sacrée vision architecturale que d'imaginer ce que ce lieu allait devenir. Car de cette ancienne manufacture de tricot, il ne restait pas grand-chose. Pas de cloisons, pas de toit, très peu de murs, uniquement la charpente à partir de laquelle tout a été entièrement créé. Seul le plancher a été conservé. Déposé pendant les travaux, il a été reposé à leur fin. La partie centrale a été ouverte afin de créer un patio pour amener la lumière et la verdure. Autour de ce dernier, les pièces se sont logiquement articulées : un salon, une salle à manger, un bureau, trois chambres et une cuisine. « J'ai toujours vécu et travaillé dans le même endroit, raconte la maîtresse des lieux, et d'ailleurs mon bureau est également situé au rez-de-chaussée. Notre lieu de vie antérieur devenait trop exigu. Cela dit, nous ne cherchions pas à vivre forcément dans un loft, mais plutôt dans un lieu spacieux, simple, convivial et clair, susceptible d'accueillir une famille de quatre personnes. » La verrière d'origine a donc été refaite, l'escalier à la rampe graphique dessiné d'après le relevé d'un escalier trouvé dans une autre manufacture de Montreuil. « Le côté atypique de cet espace que nous avons acquis il y a quatre ans réside dans l'impression qu'il donne, reprend Marika Chaumet. Et tient beaucoup au patio intérieur qui donne la sensation d'être au rez-de-chaussée d'un chalet à la montagne ou d'une maison en bord de mer. Ce patio est un espace entre parenthèses, un lieu de détente apaisant et lumineux d'où l'on entend à peine le bruit de la rue. Ainsi, même si la surface totale approche les trois cents mètres carrés, nous sommes vraiment dans un appartement de premier étage et non dans une maison. »

Page de gauche : Côté cour pavée et végétalisée, l'ancienne manufacture de tricot a gardé ses façades en verrière type atelier. Une porte d'accès au bureau a été ouverte au rez-de-chaussée, la vie familiale se déroulant à l'étage et possédant sa propre entrée, à droite.

Ci-dessus : L'architecte d'intérieur et propriétaire du lieu, Marika Chaumet, dans son escalier qui reprend, en fac-similé, la rambarde en bois d'un atelier voisin.

RESPECTER AVANT TOUT L'ESPRIT D'UN LIEU

Comme pour tous les chantiers qu'elle réalise, essentiellement des boutiques de luxe, joaillerie et horlogerie en grande majorité, Jaeger-LeCoultre, Van Cleef & Arpels, Boucheron, De Beers... la propriétaire, formée à l'école Boulle, a appliqué ses règles en termes d'architecture intérieure : rester dans l'esprit du lieu, dans ses dates, son histoire, et ici, en l'occurrence, dans le style semi-industriel de l'entre-deux-guerres. « Il s'agissait de restituer l'esprit chalet de montagne ou maison de l'Atlantique, confirme-t-elle, c'est-à-dire la magie du bois, de la brique, du carreau ciment, du grès cérame, du carrelage. Et donc de réactualiser et réinterpréter des codes pas forcément urbains afin de donner une âme à l'ensemble. Le danger était de sombrer dans la fausse factory, ou dans l'apparence du neuf. »

Le charme est l'autre atout de cet espace sur lequel toute connotation luxueuse a été bannie. Habile contrepoint aux chantiers que l'architecte d'intérieur réalise. « Le seul point commun entre ces derniers et ce loft réside dans le respect que l'on porte à l'histoire d'une marque, comme ici à celle du bâtiment. Ce qui m'intéresse, c'est d'être dans la continuité d'un existant, dans l'authenticité. » Le luxe naît donc de la lumière, de l'espace, de la très belle peinture grège des murs, et de ce parti pris pour les choses et les matières qui ont vécu, la robinetterie, le lavabo, les carrelages, les bois décapés, les objets chinés qui enferment des souvenirs de voyage, la famille partage d'ailleurs sa vie entre la France et la Thaïlande. C'est ainsi que les radiateurs muraux viennent de chauffage d'usine, la table de la salle à manger a été concoctée avec des poutres provenant de la maison de la mère de la propriétaire, le chevet de la chambre avec un noyer abandonné dans le jardin de son père. « Je ne recherche jamais les matières nobles, reprend-elle, mais plutôt des matériaux qui sont liés à l'artisanat, au savoir-faire, qui ont des défauts, une histoire, une vibration, qui évoquent le travail manufacturé, qui ont quelque chose de sensuel, de vécu, de recyclé. C'est toujours plus stimulant de travailler avec des contraintes historiques, écologiques, économiques. Afin de ne jamais oublier l'objectif unique, l'âme des choses. »

Le patio intérieur a été créé ex nihilo. Il affiche les codes industriels alentour avec ses soubassements en brique et ses verrières. Cependant, la prédominance du bardage en pin rétifié recouvert de couvre-joint à découpes crénelées en lambrequin évoque le côté balnéaire des cabanes de pêcheurs du Cap Ferret... Aux huisseries soulignées de blanc répond le mobilier Tolix en métal laqué qui signe l'espace repas avec sa vaisselle en terre noire de Colombie.

Ci-contre : Comme partout ailleurs, le blanc règne ! Dans la cuisine Ikea customisée, éclairée par des suspensions en nasses thaï, la table haute mobile est entourée de chaises de bar Nicolle, face au piano Falcon. Au premier plan, un maxi radiateur d'usine jouxte un trio d'interrupteurs noirs en bakélite signés Zangra.

Page de droite : Côté salle à manger, avec une belle hauteur sous poutraison, la majestueuse charpente d'origine révèle, comme dans la globalité du loft, toute sa présence. La table en bois de récupération dessinée par Marika Chaumet contraste avec les chaises en métal Bertoia. Au mur et sur le bahut, lampes design Nendo, coiffe africaine aka en plumes et gouache cirée, œuvre de Stéphane Dauthuille.

Ci-dessous : Toutes les pièces sont desservies par des portes identiques à double panneautage et imposte vitrées en verre de récupération. Elles ont été dessinées par la maîtresse des lieux sur un modèle vu dans des bains publics.

Page de droite : Côté salon, sous la charpente omniprésente – parquet d'origine, déposé, restauré et remonté in situ, mur en brique blanchie – l'on jouit d'une belle luminosité grâce à la verrière donnant sur la cour. Chaise longue et footstool Bertoia, méridienne en chêne design Marika Chaumet, banquette Ikea, fauteuil corbeille en rotin chiné, table basse de Valentin Loellmann et troupeau de tabourets : Charlotte Perriand, africains, japonais et chinois...

TO PAINT IS A RELIGIOUS ACTIVITY
2
1
SHAMPOO
2

Page de gauche : La salle de bains, teintée de gris perle, est adossée à la chambre et communique par deux passages de part et d'autre du lit. La baignoire vintage à pieds griffes de lion, chinée et repeinte, est surmontée d'une tablette supportant une gravure de Didier Hamey.

Ci-dessus : Côté chambre, au revers de la salle de bains, parure de lit en lin AM.PM et coussins Merci, surmontés d'une œuvre imprimée sur miroir signée d'une artiste montreuillaise, Marie Rameau. Dans le passage, au-dessus d'un tabouret Sharpoï, brille une suspension en capiz.

Duevel
Planets

UN GARAGE TRANSFORMÉ EN LOFT

Un ancien garage situé dans un immeuble industriel à sheds du 17e arrondissement de Paris. Ainsi furent les prémices de ce duplex lumineux et convivial dont l'originalité réside dans des éléments architecturaux forts, avec une cave à vin sous verre creusée dans le sol et une cloison très graphique en bois et verre séparant la pièce de vie de la chambre.

PARIS | 150 M² | 1900 | RÉNOVÉ EN 2015

Dès l'entrée, le travail sur les perspectives, le volume, la lumière, la transparence et les lignes droites... séduit. Tout comme le parti pris décoratif de cet espace où se devine une passion pour l'art, la musique et la nature, telle qu'en témoignent une œuvre de Claire Morgan posée sur une stèle, une colonne Ptoloméo remplie de beaux livres, une collection de guitares alignées au sol, une pierre du mur de Berlin posée sur un bahut. Il ne reste donc aucun vestige de ce qui fut autrefois un lieu industriel, nulle trace de la toiture à redans partiels, en dents de scie, emblématique de ce type d'architecture du XIXe siècle. Seuls les murs ont été conservés et ont servi de base à ce duplex de cent cinquante mètres carrés se répartissant en un premier niveau accueillant une suite parentale et une mezzanine située au-dessus de la cuisine, et d'un étage comprenant deux chambres.

« Il y avait ici une problématique de base », explique Vivien, le maître des lieux qui a rénové cet espace à quatre mains avec l'architecte d'intérieur Maud Leroy. « Faire de cet ancien lieu industriel un "appart-loft" équilibré, contemporain et lumineux, simple et fonctionnel, associant les caractéristiques de l'appartement classique d'aujourd'hui à celles du loft, à ses hauteurs, ses verrières, ses volumes, ses mezzanines. »

La difficulté fut donc de créer de nouvelles cloisons sans fermer l'espace, ni perdre en luminosité, telle la séparation très graphique en chêne et verre entre la pièce de vie et la chambre principale, créant ainsi une perspective transparente et lumineuse, ou encore la mezzanine sur laquelle est installée une salle de gymnastique.

Page de gauche : Au rez-de-chaussée, entre cuisine et salon, dans le parquet en chêne naturel, s'inscrit une cave à vin vitrée Hélicave. De forme cylindrique et munie d'un escalier hélicoïdal, elle a été creusée dans le sous-sol. On y accède par une porte en verre. Au sol, tout contre la toile signée Ashley, enceinte rouge Duevel Planets et bout de canapé Glycine de Drugeot Labo.

Ci-dessus : Accoudé à l'enfilade en chêne naturel, Vivien, propriétaire et initiateur de la reconversion en habitat de cet ancien garage. En cimaise, œuvre abstraite de Lise Prévot.

« Ce loft réunit tous les critères des espaces atypiques, reprend Vivien Prévot. Ce fut tout d'abord un site industriel qui a été transformé en un duplex, voire en triplex en considérant la mezzanine. Il donne sur une cour privée et possède des petits plus singuliers, comme la cave à vin creusée dans le salon, jouxtant le bar. Et tout cela dans Paris. Le challenge fut de créer de vrais beaux espaces tout en conservant la clarté d'origine et la proximité avec l'extérieur. »

SOBRIÉTÉ ET LÉGÈRETÉ

Ce goût pour la sobriété, les perspectives et les belles linéarités se retrouve dans l'architecture intérieure, certes, mais aussi dans le chêne naturel des parquets, la couleur blanche des murs, la tonalité noire des armatures en métal de type atelier industriel, les balustrades en verre de l'escalier et de la mezzanine. Plus de fantaisie et de légèreté en revanche pour la décoration, histoire de créer un habile contrepoint avec l'épure ambiante, raconter des histoires, dévoiler des passions, rajouter de la couleur, en mélangeant objets onéreux ou pas, souvenirs, mobilier de Ron Arad, Gerrit Rietveld, Moroso, Philippe Starck, lampes AM.PM. Sans oublier un début de collection d'œuvres d'art où se profile un goût pour les œuvres insolites et poétiques ou tout simplement familières, comme les œuvres de Lise Prévot, mère du propriétaire, grands panneaux marouflés à base de papier journal sculpté évoquant un ciel d'été caressant les falaises bretonnes.

Ci-contre : La chambre est isolée de la partie réception par un claustra en vitrage translucide – à partitions en chêne – dont l'épure évoque les œuvres de Mondrian. La nuit, pour préserver l'intimité, des rideaux en épais drap de laine sont tirés. Le lit MyBed habillé d'une couette Calvin Klein et d'un jeté de lit Olivier Desforges est éclairé par les suspensions *Here Comes The Sun* chez DCW éditions.

Page de droite : L'escalier dessert les mezzanines à mi-niveau et les étages supérieurs. Autant pour la sécurité que pour l'esthétique, un garde-corps vitré longe la volée de marches.

Ci-contre : La cuisine, réalisée sur mesure, est légèrement décaissée par rapport au niveau 0. Elle arbore un bleu gitane profond laqué en usine pour les placards et des plans de travail en chêne et granit du Zimbabwe. L'équipement électroménager est signé De Dietrich. Le frigidaire américain Panasonic, la hotte et les bacs d'évier sont en Inox brossé.

Page de droite : Côté salon, au premier plan, suspension *Wireflow Chandelier* signée Arik Levy chez Vibia. Au fond, tableau de Lise Prévot et posé sur le canapé *Rive Droite* chez Cinna, coussin *Dot* chez Hay, éclairés par le lampadaire *Tolomeo* d'Artemide. Une paire de guéridons *Nymphéa* AM.PM encadre le miroir *Caadre* de Philippe Starck chez Fiam. À droite, étagère *Ptolomeo* design Bruno Rainaldi édition Opinion Ciatti et paire de fauteuils *Utrecht* de Gerrit Rietveld chez Cassina, face au tapis de Jory Pradelle.

Double page suivante :

À gauche : Focus sur le claustra vitré en chêne naturel à partitions asymétriques. Certaines ont une profondeur plus importante, ce qui permet, astucieusement, de les utiliser en guise d'étagères. En transparence, vue du plafond de la chambre, avec une des suspensions *Here Comes The Sun* chez DCW éditions.

À droite : Gros plan sur le tapis géométrique polychrome du salon aux couleurs primaires, design Jory Pradelle, et sur le fauteuil *Utrecht* de Gerrit Rietveld chez Cassina, gainé d'un drap de laine rouge drapeau.

Paris New York
PHAIDON

Page de gauche : Le comptoir de la cuisine avec ses tabourets hauts *Bombo* chez Magis fait office de bar. Il est éclairé par des suspensions *Mass Light* chez And Tradition. En amorce, l'escalier, toujours en chêne naturel, dans la continuité de l'appartement, possède une main courante en creux dans la même essence. Des rangements exploitent le vide sous ses degrés. Une photo noir et blanc en provenance de Yellow Corner ponctue la blancheur des murs.

Ci-contre : Sur la mezzanine, un trio de guitares attend sagement son musicien !
De gauche à droite, modèles Gibson Les Paul Studio Gold (1994), Gibson Les Paul Custom Gold (1994) et Fender Stratocaster Relic® du Custom Shop (1965). L'ampli est un Fender Deluxe Reverb (1974).

UNE ANCIENNE FABRIQUE BAIGNÉE DE LUMIÈRE

De cette ancienne usine de fabrication de bouchons de dentifrice datant du milieu du xxe siècle, l'architecte d'intérieur Cécile Simian, spécialisée dans les rénovations privées et les boutiques de charme, en a fait un loft baigné par une belle lumière zénithale. Et l'a décoré dans un esprit bohème sans excès.

FLOIRAC | 213 M² | MILIEU DU XXE SIÈCLE | RENOVÉE EN 2015

A l'origine, c'était un hangar de cent soixante mètres carrés qui avait comme particularité d'avoir huit mètres cinquante de hauteur sous plafond. « Et ce lieu situé à Floirac, tout près de Bordeaux, était d'autant plus impressionnant par son volume qu'il était vide, explique Cécile Simian. La verrière était également en lambeaux, toute l'originalité de l'espace avait disparu, sa poésie également. L'idée fut donc de lui redonner son âme en divisant tout d'abord sa surface en deux et en faisant donc deux lofts de cent mètres carrés chacun. L'un des deux lots a été acquis par un couple d'amis. » Située au sous-sol, l'entrée de ces deux nouveaux lieux d'habitation est devenue commune. Autre point commun, le patio central à toit ouvert situé au cœur de chaque loft. « Tout a été réorchestré en fonction des points forts de cette ancienne fabrique, reprend l'architecte d'intérieur, à savoir les charpentes métalliques qui délimitent les pièces et le patio. Mais également en fonction de la très belle hauteur de six mètres cinquante de la pièce principale, et des hauteurs diverses des autres pièces. On a également fait des modifications sur les charpentes pour créer des portes. La diversité des angles de vue, les jeux de perspectives entre les armatures métalliques et l'escalier très graphique se laissent en outre caresser par la lumière zénithale qui tombe de la verrière. »

Page de gauche : Le salon télé sous verrière avec ses rambardes en rayons. Murs peints en vert anglais Farrow & Ball, tapis berbère marocain Azilal, banquette Ikea, fauteuils de cinéma vintage, applique orientable or House Doctor, bibliothèque et table basse fabrication maison en Tilly d'épicéa.

Ci-dessus : Sur la coursive desservant la partie nuit de ce nouvel habitat, Cécile Simian, architecte d'intérieur : elle a réhabilité cette ancienne manufacture de bouchons de dentifrice sous le signe de la ligne oblique !

Les matières participent également à la sobriété et à la modernité de cet espace qui comprend au rez-de-chaussée un salon, une chambre ainsi qu'une cuisine ouverte sur la salle à manger, et à l'étage, une suite parentale avec une salle de bains et un espace télévision.

DUALITÉ ENTRE LE MINÉRAL ET LE VÉGÉTAL

Au rez-de-chaussée, le sol en béton irisé de quartz fait écho au pin massif du parquet de la mezzanine. De l'épicéa habille en revanche les marches de l'escalier, la passerelle et la bibliothèque. Les briques peintes en blanc d'un des murs de la cuisine s'harmonisent au béton ciré du plan de travail. Cette belle dualité entre le minéral et le végétal se retrouve également dans le patio, avec ses murs en brique et son parquet en pin. Également coloriste, l'architecte d'intérieur a travaillé sur une palette qui oscille entre un mélange subtil de tonalités gris clair, bleu pâle, bleu pétrole, kaki. Mais également sur le motif du chevron que l'on retrouve un peu partout comme une signature, sur le parquet de la passerelle et du patio, dans les carrelages muraux de la douche du rez-de-chaussée, sur les portes métalliques vitrées, excepté la porte d'entrée en verre qu'elle a peinte d'une œuvre personnelle, motif de girafe couronnée pour évoquer un travail sur l'hybridité. La décoration s'est faite en étroite collaboration avec les propriétaires qui ont rapporté certains souvenirs de leur ancien lieu de vie. Elle se résume à un mélange dosé de mobilier contemporain et de pièces chinées, tel un canapé aux lignes épurées faisant face à des fauteuils en osier ou habillés d'un tissu des années 1950, une vitrine achetée dans une brocante du Pays basque, des chaises vintage de cinéma en bois, des tapis berbères pour la note exotique ou encore la fameuse suspension *Vertigo* de Constance Guisset qui plane sous la verrière, diffusant sa poésie aérienne.

Ci-dessous : Dans la salle de bains, une fois la couverture déposée au profit d'une verrière, l'on tutoie le ciel et les toitures à sheds des hangars environnants. La résille métallique en toile d'araignée segmente la vision.

Page de droite : Dominant l'espace salon, la suspension *Vertigo* de Constance Guisset pour Petite Friture plane en altitude sous le ciel bordelais. Une porte de récupération montée sur glissières coulissantes vient clore – pour l'intimité – l'espace nuit qui donne sur la salle de séjour.

Page de gauche : Dans l'entrée peinte en bleu pétrole La Seigneurie, sous l'escalier, amorce de cloison en Tilly de pin et sol en béton naturel ciré. Paire de tabourets marocains polychromes en bois brut surmontés d'une applique dorée de chez Zangra.

Ci-dessus : La porte d'accès à la chambre d'enfant est constituée d'un ouvrant en verrière, à structure métallique en chevrons.
Côté chambre des parents, gainée de feuilles de papier peint imprimé à la planche Le Monde Sauvage, porte vintage coulissante sur rail.

Page de gauche : Dans la cuisine aux murs en brique blanchie, sur un meuble grillagé chiné, collection de planches à découper et bocaux d'épices.

Ci-dessus : La structure et les plans de travail de la cuisine sont en carreaux de plâtre enduits de béton ciré ton ivoire avec portes en pin grisé et vieilli. Carrelage en zellige Mosaïk del Sur, évier Ikea, réfrigérateur Smeg, robinetterie Dornbracht et piano Falcon surmonté d'une hotte en acier et verre armé. Côté repas, suspension en verre de chez Milord à Nantes.

JEUX DE TRANSPARENCE

Sophie et Olivier ont acquis en 2014 un des lots de cette ancienne usine de chauffe-eau pour le transformer en un loft au look industriel baigné de lumière, et l'ont rénové selon les règles du feng shui et du nombre d'or.

MONTREUIL | 170 M² | ANNÉES 1950 | RÉNOVÉE EN 2014

Belle hauteur sous plafond de six mètres marquée en son centre par une structure Eiffel, volume lumineux empreint de silence, tels sont les critères qui ont séduit ce couple de Parisiens pour lequel le lieu de vie intra-muros devenait exigu. Un peu inquiets, ils ont tout de même quitté leur ancien appartement de la Bastille pour s'exiler à Montreuil, heureux d'avoir finalement trouvé dans cet espace peu banal une réponse à leur aspiration d'un nouveau cadre de vie. « Nous recherchions du volume, disent-ils d'un commun accord, afin de vivre entouré de tout ce qui fait notre quotidien, dans une sorte de boîte lumineuse, de cocon. Au début, se priver d'une vue sur l'extérieur semblait difficile à imaginer, mais ce sentiment s'est rapidement dissipé avec le paysage intérieur que nous avons inventé, notamment grâce à la création d'un patio. Et ce choix de nouvel habitat était d'autant plus important que ce loft, que nous avons acquis et réalisé ensemble, est notre premier vrai lieu de vie commune. Montreuil nous a également vite adoptés et nous avons d'emblée aimé son côté familial, accueillant, métissé, son esprit bohème. » Ce loft à dimension humaine, et qui était loin à l'origine de ressembler à ce qu'il est devenu aujourd'hui, est donc passé de centre trente à cent soixante-dix mètres carrés. C'est devenu un lieu de vie lumineux et convivial particulièrement bien adapté à la vie du couple qui travaille dans le secteur du livre et de la production audiovisuelle.

Page de gauche : L'espace réception de ce grand loft jouxte le bloc cuisine et règne de plain-pied avec le patio central autour duquel s'organise la vie de la maison. Côté salon, Chesterfield, fauteuils club et malle de voyage évoquent un confort à l'anglaise et le goût des voyages. Au mur, pastel *Mécanisme* d'Emmanuelle Pérat. Côté salle à manger, les chaises Louis XVI de famille côtoient sans complexe la table en chêne naturel.

Ci-dessus : Olivier et Sophie, propriétaires et chevilles ouvrières des lieux, sur fond de calligraphies de Marie-Christine Palombit.

UN PATIO CONÇU COMME UN PUITS DE LUMIÈRE

La grande originalité de cet espace réside non seulement dans la diversité des points de vue qu'il offre, dans le mélange du bois, de l'acier et du verre, mais également dans la circulation autour d'un patio au sol couvert de galets de marbre, réfléchissant la lumière. Ses façades intérieures et sa verrière rétractable offrent une vue sur le ciel et une ventilation naturelle modulable au fil des saisons. Ouvert ou fermé, filtre ou capteur de soleil, ce patio, perpétuellement en lien avec les éléments, agit ainsi comme régulateur thermique. Espace d'autant plus vital que le loft n'a aucune vue sur l'extérieur.

Autour de ce puits de verdure, la vie s'organise, notamment celle de la cuisine dessinée sur mesure, composée de modules en Inox de chez Leroy Merlin et de panneaux de chêne. « Prolongeant l'entrée, annonçant le salon et accolée au patio, elle nous donne l'impression de cuisiner dehors », précise la maîtresse des lieux. Un espace crucial pour ce couple fin gourmet et cordon-bleu qui cuisine souvent en même temps, sur les deux plans de travail se faisant face.

Suit l'espace de réception, dont le mur du fond est habillé d'une impressionnante bibliothèque en chêne et hêtre également dessinée sur mesure. À droite, un escalier en colimaçon accède au bureau de la jeune femme, comprenant un espace ouvert pourvu d'une baignoire pour se délasser tout en écoutant le clapotis de la pluie. Situé au niveau de l'entrée, un second escalier, prolongé d'une passerelle en verre, amène au bureau d'Olivier, décoré de meubles fonctionnels. « Nous cherchions en outre un lieu susceptible d'accueillir mes tonnes de livres, explique Sophie en charge de Gallica à la Bibliothèque nationale de France, des éditions anciennes et contemporaines, Zulma entre autres, les livres de Rachilde, une de mes auteures préférées, tout en restant facilement accessibles, ce qui devenait de plus en plus kafkaïen dans notre appartement parisien. Les livres, c'est non seulement de l'affectif mais également un outil de travail puisqu'il m'arrive régulièrement de travailler chez moi. » « L'idée était de créer un lieu de vie et de réception, reprend son époux, c'est-à-dire de tout assembler au sein d'une même surface où le regard ne buterait jamais sur un obstacle ou un mur, et aurait toujours une perspective à contempler. C'était donc important de réorganiser cet espace dans une certaine neutralité, de jouer avec la lumière, de dessiner des perspectives visuelles nettes et graphiques, de recréer des pièces bien délimitées sans avoir forcément rebâti des cloisons. »

MATIÈRES CHALEUREUSES ET LIGNES ÉPURÉES

Pour rénover et rendre habitable cette ancienne usine dont les gros œuvres ont été confiés à l'architecte Philippe Grelié, le couple a mis la main à la pâte. « Grâce à Internet, il n'est pas très compliqué aujourd'hui de dessiner les premiers plans et de faire des études techniques en termes d'espaces et de volumes », précise le propriétaire qui s'est spécialisé dans les effets spéciaux pour des films et des documentaires, notamment pour Arte. « Nous avons même posé à plusieurs des poutres de deux cent cinquante kilos. »

Peu de couleurs en revanche ici. Murs blancs, parquet en chêne naturel, structures industrielles canon de fusil, rambardes épurées pour ne pas rivaliser avec la forme gracile des structures Eiffel, la seule tonalité chromatique est donc celle de l'entrée peinte en rouge, diffusant ses subliminales ondes d'énergie selon le feng shui, ainsi que celle des objets et des livres. Partout, les matières chaleureuses et authentiques se marient aux lignes radicales du mobilier pour alimenter la sérénité ambiante. Pour la décoration, le couple a meublé leur loft des choses rapportées de leurs deux vies antérieures, du mobilier de famille en grande majorité qu'ils ont mélangé à des acquisitions contemporaines, créant ainsi des métissages heureux.

La chambre, toute en blancheur lumineuse, regarde le patio. En tête de lit, Sofitel MyBed, et sur la porte coulissante du dressing, papier peint Graham & Brown. Devant le bureau fauteuil *Ghost* de Philippe Starck, tabouret accordéon en papier plissé Stooly, appliques suspendues abat-jour-deco.com, jeté de lit en vison, coussins Jean Paul Gaultier chez Lelièvre, chevet en escalier coréen, coffret à bijoux en laque Compagnie française de l'Orient et de la Chine, robot domestique lapin Karotz, lampadaire japonais et paire de gravures signées Horimoto complètent ce décor à la sérénité toute asiatique.

Double page suivante :

À gauche : Tout le fond du loft est habillé de bibliothèques qui courent sur les deux étages, du niveau 0 au niveau 1 en coursive où se situe le bureau de Sophie. À gauche, sous le tableau brodé d'Evelyne Tropea, collection de théières japonaises en fonte, flanquées de part et d'autre d'un bouddha thaï et d'un Ganesh indien, sur l'enfilade Ikea.

À droite : Perché en mezzanine sous la verrière, le bureau d'Olivier, réalisateur, révèle en noir et blanc sa fonction... Portraits au collodion humide de Tony Parisi, tête d'Alien made in China, projecteurs et rangements métalliques de récupération.

FOUJITA

Page de gauche : Le patio fait office de puits de lumière et de fenêtre ouverte sur une nature intérieure. Au sol, les galets de marbre blanc roulé et de pas japonais en ardoise signent cette composition végétale peuplée de bananier, aralia, olivier, rhododendron et autre arbre de Bouddah dominée par la sculpture de sirène en grillage signée Daniela Capaccioli.

Ci-dessus : Vus de la coursive bibliothèque, le salon, la salle à manger et la cuisine. À gauche du patio, l'on devine en transparence la chambre et en hauteur, la coursive qui dessert le bureau du propriétaire des lieux.

2

CONNEXIONS NATURELLES

DÔME DE SÉRÉNITÉ

Située au cœur d'un éden de verdure, cette maison en forme de dôme enferme la belle symbolique de l'œuvre commune. Une réalisation menée du début à la fin par les propriétaires du lieu, Olivier et Cathy, charentais et bretonne d'origine, humanistes avant tout.

NANTES	400 M²	2004

A première vue, c'est une œuvre iconoclaste, une folie irrationnelle cellulaire et biologique située dans un parc de un hectare planté de chênes, d'acacias, de peupliers argentés, d'eucalyptus, de pins parasols, de cornouillers du Japon et d'arbres fruitiers sauvages destinés à attirer les oiseaux. Un paradis verdoyant où coassent les grenouilles, au cœur d'un domaine de deux cent cinquante hectares divisé en copropriété, situé dans la commune de Plessé, non loin du canal qui relie Nantes à Brest. À seconde vue, c'est une maison d'un classicisme abouti, et qui renoue avec la vocation, la passion et le savoir-faire des grands bâtisseurs. Mais c'est surtout une œuvre commune qui cadre complètement avec la philosophie des maîtres des lieux, « raconter une histoire, laisser un message, construire une demeure à partir d'échanges de toutes sortes pour en faire un lieu de vie qui réponde à une quête et s'inscrive dans un paysage aussi bien naturel qu'humain. »

Tout a commencé en décembre 1999, lorsque Olivier visite une maison en bois alternative de cent soixante-dix mètres carrés située à Scaër dans le Finistère, réalisée par l'architecte concepteur Patrick Marsilli, également fasciné par les mathématiques et le nombre d'or, et qui a conçu en 1988 avec son épouse Catherine le concept Domespace. C'est une rencontre et surtout une révélation ! Le projet de faire une maison de six cents mètres carrés sur deux niveaux, dont quatre cent quarante mètres carrés habitables, voit le jour.

Page de gauche : Émergeant de la végétation des jeunes pins, en pleine osmose avec la nature environnante, le dôme tout de bois vêtu et sa couverture en bardeaux Red Cedar se dévoile.

Ci-dessus : Au cœur de sa réalisation, portrait d'Olivier, véritable homme-orchestre et cheville ouvrière – avec son épouse Cathy – de cet ouvrage spectaculaire : le Domespace.

LA MAGIE DE LA SPHÈRE

À l'extérieur, la toiture en Red Cedar et l'ossature en lamellé-collé d'épicéa affichent non seulement le parti pris écologique, mais surtout renouent avec les origines d'Olivier, issu d'une famille de maîtres charpentiers, aïeul, grand-père et père restauraient les charpentes des églises et des belles demeures de la région saintongeaise. Dès l'entrée, la vision de l'architecture apparaît dans toute son ampleur, sept mètres vingt de hauteur sous plafond. Au centre, l'escalier en orme, desservant les deux niveaux, a été réalisé par des compagnons de l'atelier Glotin à Pontchâteau, le garde-corps par le ferronnier d'art Claude Delplace. Le même épicéa habille les lambris des murs tandis que le hêtre massif des parquets s'acoquine avec la pierre de Bourgogne, chauffante l'hiver, découpée et assemblée en rosace au centre. Un délicat travail de calepinage dirigé par Maïté Laffon, spécialiste en pose de carrelage, pierre et tommette, et supervisé par le maître des lieux qui a piloté son chantier de A à Z pendant deux ans. Résultat : neuf pièces en tout, dont les bureaux de la société Natarys, spécialisée dans le traitement de l'eau et de la santé qu'Olivier a fondée en 2007. Autre originalité, ce dédale de pièces donnant sur la nature n'est desservi par aucun couloir. « Et pourtant, on ne s'y perd pas, précise-t-il. La sphère enferme quelque chose de magique, de rassurant, de chaleureux, comme les igloos au pôle Nord. Un maximum d'espace et de sauvegarde d'énergie dans un minimum d'encombrement. »

La demeure est en outre parasismique, paracyclonique, et ne cille donc pas d'un pouce même avec des vents de deux cent cinquante kilomètres à l'heure. Autre vertu, elle tourne sur elle-même pour se fixer devant le paysage choisi ou placer les baies vitrées au soleil lorsque l'hiver est sombre, ou à l'ombre lorsque l'été est caniculaire. Un peu comme une soucoupe volante, un palais nomade entièrement bioclimatique (avec un DPE de A-A), « une toupie, ou un oursin, elle en est d'ailleurs l'archétype », précise le propriétaire.

Venant de l'univers de la photo, Cathy s'est de son côté attelée à la couleur des murs, déclinés dans une délicate palette chromatique. Le couple a partagé cette tâche avec Stéphanie Le Breton, spécialiste des couleurs et des enduits écologiques. « Pour résoudre le coût de ce nouveau chantier qui dépassait nos moyens, nous avons accepté que Stéphanie organise un chantier école dans notre maison afin de présenter les différentes facettes et techniques de son travail, explique-t-il. Elle exposait dans une pièce un travail de chaux et de mezzo-fresco, dans une autre, des réalisations de badigeons, dans une autre encore, des enduits à base de terre ou de tadelakt marocain, notamment pour les salles de bains. »

LA VALEUR DES SENTIMENTS

Pour la décoration, même détachement, sans sombrer néanmoins dans un ascétisme excessif. Nulle accumulation ici donc, sinon des objets, des cadeaux, des coups de cœur, des souvenirs de voyage, telle cette table achetée sur un marché lors d'un très lointain voyage au Bénin, des choses sur lesquelles plane la seule valeur des sentiments. Pour le mobilier fonctionnel, le couple a travaillé avec le designer Olivier Raud, connu pour ses réalisations en bois polarisé, c'est-à-dire coupés, taillés et assemblés en fonction de la sève, des lunes, des lignes terre et ciel, des énergies et des principes de la physique quantique. Même quête de la sérénité et de l'équilibre pour le jardin dans lequel la demeure se fond, et qu'ils ont confié à Olivier Boderiou, architecte paysagiste spécialisé dans le feng shui, et à Jean Thoby, un ami musinériste spécialisé dans les facultés cognitives des plantes.

« Cette demeure est une œuvre commune, elle appartient un peu à tous ceux qui

Les larges portes géminées, aux ouvrants totalement coulissants, sont serties de zinc sur parquet en lames de hêtre massif : pas de limites visuelles entre l'extérieur et l'intérieur, les plantations font corps avec l'habitat.

Double page suivante :

Tel un ovni, cet igloo de bois semble provenir en droite ligne d'une civilisation sidérale, en visite insolite chez les Terriens ! La jungle environnante est aussi l'œuvre des propriétaires ; bananiers, yuccas, peupliers, pins, cornouillers et autres gingko biloba colonisent à l'envi cette étrange cabane !

l'ont réalisée, à des artisans et des restaurateurs passionnés par leur métier. » Mais elle ressemble surtout à ceux qui l'habitent et en particulier à son propriétaire, qui se passionne autant pour la botanique que pour l'architecture, la mécanique quantique, la poésie, la vie en somme, dans toute sa simplicité. « Cette réalisation est une manière de rendre hommage à ma famille et à ceux que je n'ai pas connus, révèle cet ancien étudiant en design industriel et en construction mécanique, qui s'est ensuite orienté vers le droit pour finalement tout abandonner et se consacrer à la sauvegarde de l'eau. Je suis issu d'un milieu simple et travailleur où l'on partageait tout, même le peu que l'on avait. C'est, j'espère, ce que ce lieu diffuse : une manière de se projeter dans les générations futures, de laisser quelque chose de positif et de limpide, un message, une forme d'éducation, d'éthique, d'évidence, et tout cela pas uniquement à nos deux filles. Car ce n'est pas la possession qui rend heureux, mais les projets de vie. »

Ci-contre : L'escalier en orme massif – et son garde-corps en fer à motifs de gerbes et d'ombelles signé Claude Delplace – dessert la partie nuit à l'étage.

Page de droite : Au-dessus de la volée de marches en éventail, les fenêtres, en Velux sur les deux niveaux, épousent la forme courbe de la construction. Sous l'escalier, coffre Louis XV, cloche à melon ancienne, tête de taureau en carton bouilli et toile signée Eric Saraud, sur fond de murs colorés avec des pigments naturels patinés par Stéphanie Le Breton et Cathy.

Page de gauche : Au rez-de-chaussée, dans la rosace en pierre de Bourgogne sertie d'une ceinture en if, s'inscrit le foyer : une cheminée Focus de Dominique Imbert, dont le conduit traverse le dôme en son centre et semble ainsi léviter à partir du plafond.

Ci-dessus : Le noyau central de l'ouvrage en bois d'épicéa massif rayonne de façon concentrique au cœur de l'édifice. En amorce le garde-corps en ferronnerie, travail de Claude Delplace.

Falcon

Page de gauche : Dans la cuisine Mobalpa en chêne clair, équipée d'un piano Falcon, d'un évier Franke et d'un lave-vaisselle Bosch, les plans de travail sont en pierre du Brésil (des galets pris dans la lave, et débités en plaques...). Au premier plan, bouteilles d'eau revitalisante H2Origine, diffusée par Natarys, la société de traitement des eaux d'Olivier.

Ci-dessus : Vue de l'étage, la salle à manger sur son sol en pierre de Bourgogne. Table ronde en chêne polarisé en deux parties découpées selon le Yin et le Yang, œuvre du designer Olivier Raud, tout comme la table basse et la bibliothèque, fauteuils bridge années 1940, paire de fauteuils club et jarre en grès de Guenrouet.

Ci-contre : Sur les murs de la salle de bains incrustés d'une myriade de galets, se détache un miroir de forme ovoïde réalisé sur mesure, au-dessus de la robinetterie Idéal Standard et de la vasque circulaire en céramique blanche posée sur le meuble en hêtre naturel.

Page de droite : au rez-de-jardin, la chambre d'amis et son mobilier en bois signé Olivier Raud. Sur le parquet en hêtre, table basse à piétement éléphants sculptée au Bénin, bureau et son siège vintage et paire de chaises Ikea en vannerie.

BLANCHEUR ORGANIQUE

C'est une étrangeté, une performance architecturale, un rêve peut-être aussi, une utopie. Signée Jacques Couëlle, la maison *Les Troglodytes* fait partie des cinq « maisons paysage » construites en 1962 à Castellaras-le-Neuf, près de Mougins. Une folie blanche flirtant avec la nature.

CASTELLARAS-LE-NEUF	231 M²	1962

Un parc de vingt hectares parsemé de demeures cachées où ont jadis séjourné Greta Garbo, Charles Boyer, Margot Fonteyn... C'est dans cet espace toujours aussi privilégié, et protégé, avec vidéo surveillance et conciergerie à l'entrée, que se trouve cette demeure aux murs alambiqués qui joue avec la végétation, le soleil et les zéphyrs. Nul vis-à-vis ici, sinon la nature dans toute sa plénitude. De la piscine, la vue embrasse la baie de La Napoule, le massif de l'Estérel et les somptueux couchers de soleil. De la demeure, les promenades à pied sont tout aussi féeriques, et amènent notamment au château de Castellaras où a été tourné en 1952 le film *Fanfan la Tulipe*. Entourée par un parc de trois mille mètres carrés planté d'essences méditerranéennes, la maison fait partie d'un lot de cinq maisons signées Jacques Couëlle, toutes différentes mais toutes inscrites à l'inventaire des Monuments historiques. Déjà de l'extérieur, l'armature métallique sur laquelle a été moulée sa chair de béton, la toiture en zinc et en cuivre, les ferronneries de François Thévenin posées devant chaque fenêtre s'inscrivent, sans jurer, dans le décor naturel. « Un toit de Jacques Couëlle, c'est un mouvement, un moment de paysage, écrit le journaliste Charles Vanhecke dans *Libération* le 15 février 1964. Le plomb oxydé lui donne les tons de la montagne provençale. L'herbe cerne le minéral. »
À l'intérieur, même culte de l'originalité. Hall d'entrée en brique, sol en ardoise, portes sculptées en bois réalisées à l'époque de manière artisanale, murs à la chaux, triptyque mural du sculpteur grec Constantin Andreou composent une architecture intérieure insolite qui attire, ou pas, les louanges. Mais peu importe ! Six pièces

Page de gauche : Côté bassin d'agrément, cette maison aux lignes organiques, œuvre de Jacques Couëlle, jouit d'une vue sans limites et déploie ses formes « molles » face à la baie de la Napoule.

Ci-dessus : un chemin en briques sur chant délimité par des briques à plat, ponctué d'oliviers, phœnix et kumquats, signe l'accès à l'entrée surmontée d'une coulée de feuilles de cuivre vert-de-grisé.

en tout, pour une surface de deux cent trente et un mètres carrés, qui s'articulent comme un dédale de volumes posés à des niveaux différents. « J'ai fait des demeures ouvertes sur le côté bénéfique du paysage, révèle Jacques Couëlle dans le même journal, des demeures complices des vents et du soleil, et qui sont des jeux de forme... Mes maisons sont des habitations d'instinct, des habitats d'animaux, des êtres vivants. Elles bougent. Je bâtis mon squelette et sur ce dernier, je modèle la chair. C'est-à-dire le béton. En somme, je fais de la chirurgie esthétique... »

ONDES DE BONHEUR

C'est sans doute sa naissance dans le midi de la France, et plus particulièrement à Marseille, qui a conditionné son amour des sites naturels et des demeures solaires diffusant des ondes de bonheur. Jacques Couëlle (1902-1996) n'a construit que des demeures situées dans des lieux souvent spectaculaires. Chacune d'entre elles

Ci-contre : Un escalier extérieur aux marches en opus incertum, et main courante en courbe mène à l'étage percé de hublots asymétriques façon grotte. Un triptyque de meurtrières permet une vue minimale vers la mer et une cheminée façon fantôme coiffe la sommité de l'ouvrage.

Page de droite : Sous un ciel de traîne, la maison multiplie les vues marines par ses ouvertures en arches au rez-de-chaussée et ses terrasses à l'étage, avec, pour seul obstacle, les palmiers qui pointent leur silhouette échevelée sous les nuages.

Page de gauche : Dans le bleu saphir de l'azur méditerranéen se détachent palmes et stipes des palmiers qui sertissent cette construction aussi insolite qu'immaculée.

Ci-dessus : Les ouvertures, toujours improbables et poétiques, adoptent des formes organiques : ovoïdes, triangulaires, munies de barreaudages latéraux façon échelles dans le goût archéologique.

épouse les formes de la montagne, de la végétation, de la falaise, d'où leur nom, « maisons paysage ». Ainsi figurent dans ses réalisations qui ont toutes été très médiatisées, *La Cala di Volpe* en Sardaigne, le château de Castellaras, la Bastide Saint François à Grasse, les villas de Liliane Bettencourt dans l'île d'Arros aux Seychelles, la maison de l'Escaillon à Saint-Jean-de-l'Esterel... Architecte autodidacte, Jacques Couëlle est un esprit rebelle. Et ses réalisations aux formes sculpturales si caractéristiques en béton projeté et sculpté s'insurgent très vite contre le courant ambiant de l'époque, le Mouvement moderne. Il fonde d'ailleurs en 1946 le Centre de recherche des structures naturelles, en plein boum de l'architecture-sculpture de l'après-guerre. Adieu donc l'angle droit, la ligne, l'académisme, la symétrie ! Bonjour les lignes ovoïdales et organiques, les volumes déstructurés. Le genre a fait des émules, notamment en Espagne, avec le fameux parc Güell à Barcelone signé Antoni Gaudí, où l'architecture organique suit les dessins et les aléas de la végétation. Élève de Jacques Couëlle, l'architecte hongrois « habitologue » Antti Lovag construit également en 1975 pour Pierre Cardin une maison phare de la côte, le *Palais Bulles*. Entre autres...

Il y a une certaine fantaisie dans ces demeures blanches aux lignes arrondies et sensuelles, aux fenêtres hublot donnant sur la mer, aux jardins se mêlant avec le béton, ou l'inverse... Une forme de naïveté peut-être aussi, entre inspiration hispanique et mauresque, et qui passe malgré toutes les modes, sans trop se démoder.

La cheminée du salon possède un âtre semi-circulaire en forme de bouche ouverte qui semble avaler le feu…
La lourde porte d'une chambre, doublée de lamelles de bois teinté café organisées en faisceaux, est munie d'une solide poignée en bronze.
Le passage est éclairé en clair-obscur par des meurtrières asymétriques.

L'entrée donne sur la salle à manger par une ouverture en arche. Chauffeuse *Barcelona* signée Mies Van der Rohe chez Knoll, sur sol de briques sur chant en calepinage concentrique.

Ci-dessous : Triptyque de calepinages en ardoise, céramique et terre cuite, façon puzzle, opus incertum, sur chant et découpés main…

Page de droite : Le salon et son plafond en voûte douce aux murs habillés de bibliothèques, est meublé de sièges signés Mies Van der Rohe, de guéridons design Eileen Gray chez Silvera et d'une lounge chair à repose-pieds Charles & Ray Eames chez Vitra. De plain-pied, il donne sur la terrasse et la piscine par de larges baies vitrées.

Les parois sont ornées d'un mobile de Calder et de pastilles de céramique en couleur et en creux. Contre la piscine, un salon d'extérieur s'abrite des ardeurs solaires. Canapés en vannerie ton bois flotté, paire de tables basses à plateau carrelé à motifs or de lézard et de soleil, sur fond de mur à niches polychromes traitées façon vitrail.

Page de gauche : Toute la paroi de la salle à manger est occupée par une vaste fresque polychrome en relief, technique mixte signée Andréou. Elle se poursuit sur les portes en mêlant les matériaux, bronze, laiton, peinture, enduit projeté et griffé… Chaises Bertoia sur sol en ardoise taillée main, calepinée en résille dans trois tons en camaïeu : anthracite, gris plomb et brun.

VIVRE DANS UNE GROTTE

C'est une maison dans une grotte, ou l'inverse. Une bizarrerie minérale transformée en un lieu de vie qui recèle des surprises. Située à Saint-Chamas, à une heure de Marseille, cette demeure suspendue dans le vide a subi une délicate mais conséquente rénovation, afin de garder sa poésie minérale.

SAINT-CHAMAS | 140 M² | PERCÉES AU XVIIᴱ SIÈCLE | RÉHABILITÉE EN 1995

À première vue, c'est une maison de village classique avec sa façade et sa porte, une habitation toute simple accrochée à un rocher. À seconde vue, c'est un lieu étrange, secret, mystérieux. Une fois le seuil franchi, première surprise, le volume, et la vue de la terrasse qui domine l'étang de Berre, ignorant du coup toute la partie basse de la ville qui semble avoir disparu. Seconde surprise, la grotte, avec ses parois mélangeant bancs de calcaire et couches de safre gris. Comme certaines grottes, celle-ci était le lit d'un ancien passage d'eau situé au fond d'une mer disparue. Quelques milliers d'années plus tard, elle a été transformée en une demeure agricole possédant une étable, puis elle fut abandonnée. Séduit par le site, un couple acquiert le lieu en 1995 et confie à l'agence d'architecture Lacaille Lassus le soin de transformer cet espace en jachère en un lieu habitable.

« Ce fut un travail et un challenge passionnants », explique Michel Lassus, architecte chargé du projet, aujourd'hui retraité, et cofondateur de l'agence d'architecture de Saint-Chamas créée en 1980, spécialisée dans les constructions publiques et les logements sociaux. « Déjà pour la vue, la lumière, la hauteur sous plafond, l'effet de surprise. Mais c'est surtout un lieu qui dément tous les clichés. L'obscurité par exemple, la lumière est au contraire optimale grâce à la grande baie vitrée. Pas plus de poussière, d'humidité ou d'araignées que dans une maison ou un appartement classiques. Autre avantage écologique, le chauffage par le sol est peu utilisé car la température reste uniforme tout au long de l'année. L'hiver, elle ne descend

Page de gauche : L'escalier, en dalles de grès italien ton terre cuite, longe la paroi rocheuse calcaire creusée en courbe. Il a été créé de toutes pièces pour accéder à l'étage.

Ci-dessus : Adossé aux strates minérales de la grotte, portrait de Michel Lassus – du cabinet Lacaille Lassus – architecte qui fut à l'origine de cette réalisation d'exception.

pas à moins de quinze degrés et l'été, ne culmine pas à plus de vingt degrés. Seul inconvénient, le délitement du safre avec le temps. Pour régler ce handicap, des premiers travaux de stabilisation avaient été réalisés avec des solutions modernes, en vain. Le dilemme a finalement été réglé à l'ancienne, avec un lait de chaux, une solution qui fixe le fond et reminéralise de manière naturelle la surface, un procédé conseillé par l'École d'Avignon, spécialisée dans la réhabilitation du patrimoine ancien et plus particulièrement dans la peinture à la chaux.»

UNE ROCHE CARESSÉE PAR LA LUMIÈRE

À l'intérieur, la circulation a été entièrement repensée. Le mur en pierre qui obturait le fond a été remplacé par une grande baie vitrée qui épouse la découpe du rocher. Murs en pierres locales, sol en carrelage de grès italien Tagina, proche d'une terre cuite, grands carreaux de céramique blanche gansés d'un liseré azur dans la salle de bains, fenêtre hublot pour donner l'impression d'être dans un bateau... L'espace se résume à un grand séjour avec une belle hauteur sous plafond de quatre mètres cinquante, une mezzanine protégée par une balustrade en métal et deux très grandes chambres. Un escalier, aux parois irrégulières taillées dans la roche et caressées par la lumière, dessert les deux niveaux. Grande sobriété également côté décoration. La salle à manger en bois et fer forgé voisine un grand piano et un salon en cuir datant des années 1980. Sur la terrasse, le mobilier d'extérieur en résine tressée s'harmonise au sol recouvert d'un parquet gris. Le soir, la minéralité réfléchit la lumière déclinante et au loin l'étang de Berre n'en paraît que plus apaisant.

Ci-dessous : Coincé dans un recoin de la roche, le départ de l'escalier desservant le 2e niveau, débouche sur une mezzanine qui regarde la partie salon. Pour la sécurité, un garde-corps tubulaire court le long de la coursive.

Page de droite : Vue de la mezzanine, sur le niveau 0. Le mur et la porte de la cave en arche sont bâtis en appareillage de molasse calcaire. Au premier plan, les strates de roche en safre (sable compacté).

Ci-dessus : Sous la mezzanine rapportée et la voûte en safre, la partie salle à manger avec son mobilier en chêne et fer à volutes jouxte le piano de concert Wilh.Steinberg.

Page de droite : La partie salon avec son mobilier années 1980 en cuir, lin et bois de teck regarde l'étang de Berre au travers de la grande baie vitrée qui s'ouvre en totalité vers l'extérieur. L'on entrevoit la terrasse aménagée en surplomb du village.

Page de gauche : La terrasse, protégée par un garde-corps invisible en verre, est meublée en résine tressée, façon vannerie. Contre la baie vitrée qui reflète la vue sur le village, une collection de succulentes et un grand yucca attestent de la douceur climatique inhérente à l'habitat troglodyte.

Ci-dessus : Regards croisés… Le village de Saint-Chamas regarde la grotte-habitat creusée à flanc de falaise, dont les ouvertures semblent être des yeux.
De sa terrasse, quasiment en plein ciel, la grotte-habitat regarde les toits du village de Saint-Chamas et au loin, l'étang de Berre.

FLEUR D'O

HABITER UNE PÉNICHE

Conçue autrefois pour transporter les marchandises sur les eaux calmes des canaux, elle est devenue ensuite une boutique de prêt-à-porter puis a été rachetée par un couple de Bordelais qui en fait sa résidence principale. Une rénovation réalisée par l'architecte Elisabeth Manguin pour laquelle ce chantier sur l'eau fut une heureuse première.

BORDEAUX | 120 M² | 1950 | RÉNOVÉE EN 2015

Bassins à flots, un site de cent soixante hectares situé au nord de Bordeaux. C'est là qu'est accostée *Fleur d'o,* une ancienne péniche Freycinet construite dans les années 1950, une de celles qui passent les écluses du canal du Midi et s'accommodent de ses différentes hauteurs. Exhibant sa belle coque noire de cinq mètres de large sur vingt-deux de long, et sa terrasse en bois paysager protégée par un auvent, elle est arrimée à un quai situé dans un environnement où planent les vents du large. « C'est le premier bateau que je réalise, explique Elisabeth Manguin, et ce fut un travail passionnant car les propriétaires Nicolas et Marie-Christine se sont énormément investis dans le chantier tout en me faisant confiance. Nos échanges furent fructueux. D'autant plus qu'ils ne cherchaient pas du tout à habiter une péniche mais plutôt à vivre dans un loft, c'est-à-dire dans un grand espace à connotation industrielle. Ils ont néanmoins très vite succombé au charme de cette péniche qui ne ressemblait pas du tout à ce qu'elle est devenue aujourd'hui, sans doute pour les bonnes ondes qu'elle diffusait malgré tout et le sentiment d'évasion que ce type d'habitation évoque. »

L'ancien propriétaire avait raccourci la coque de dix mètres et avait transformé le bateau en une boutique de vêtements, un magasin flottant donc. « La coque en métal d'une péniche est en général fine et flexible, explique Elisabeth Manguin, elle se découpe et se soude donc très facilement. Mon travail consista dans un premier temps à remettre à nu l'ensemble et à relier les deux espaces originels : un premier d'une petite surface et bas de plafond abritant la cabine de pilotage, et un second plus libre et effilé destiné à stocker les marchandises. Puis à enlever le superflu, le

Page de gauche : La belle péniche, aujourd'hui muée en habitat principal privé, étire les 22 m de longueur de sa coque effilée sur les eaux calmes du Bassin à flots n° 1, sis à Bordeaux, sur la Garonne.

Ci-dessus : Elisabeth Manguin, architecte, a réalisé – avec l'aide des propriétaires Nicolas et Marie-Christine – la complète réhabilitation de cette péniche.

lino au sol et les fausses poutres au plafond, afin de retrouver la base de la structure, c'est-à-dire son histoire originelle, son âme. Avec sa partie vitrée en bois située au-dessus des placards d'époque, la cabine du marinier, devenue aujourd'hui atelier, a été surélevée. Avec sa partie supérieure complètement démontable, la cabine du gouvernail a été entièrement rénovée. Toutes les portes et cloisons ont été changées, excepté la cloison étanche de la salle de bains, indispensable sur toute péniche qui navigue. Pour rendre à nouveau la péniche navigable, on l'a rééquipée d'un groupe électrogène et d'une cuve à eau. Les connexions se branchent en général sur le quai lorsqu'on ne navigue pas. »

ÉPURE ET HARMONIE JOYEUSE

Conçu comme une maison, l'intérieur se répartit en une grande pièce de réception d'une hauteur de deux mètres trente, une cuisine ouverte sur la salle à manger et le salon, deux chambres avec chacune leur espace d'eau, un atelier d'artiste et un petit bureau. La chambre des maîtres des lieux possède une petite salle de sport, une buanderie, une salle de bains. Soit cent vingt mètres carrés de surface habitable, rythmés par des hauteurs qui divergent en raison de la coque et du plancher technique en pin. Les murs ont été habillés d'un placoplatre classique. Une grande attention a été portée à l'isolation et à la climatisation afin de pallier au mieux les rigueurs de l'hiver et la canicule de l'été. « Quant au mal de mer, c'est selon, ajoute l'architecte, soit on y est sensible même si le bateau bouge à peine, soit pas du tout. Pour l'intérieur, on a joué avec le côté effilé de la péniche, et conçu des pièces tout en longueur, comme la cuisine. Mais surtout on s'est attaché à remettre en lumière les structures, un peu comme pour un loft où l'on dégage les murs, les charpentes, les ossatures, où l'on épure pour magnifier le côté brut du lieu, son originalité, son histoire. Et cela tout en apportant de la chaleur, car on ne vit pas sur une péniche comme on vit dans une maison. » Postulat que contredit néanmoins la décoration, qui ne se différencie pas ici de celle d'une maison classique, et que le couple, passionné de déco et d'art, a réalisé d'un commun accord avec l'architecte, mélangeant ainsi dans une harmonie joyeuse meubles chinés et design du XXe siècle...

Ci-contre : Le poste de pilotage, avec sa barre et son siège de timonier, a retrouvé son visage originel et sa fonction première destinée à la navigation.

Page de droite : Le pont a été aménagé en terrasse sous tauds, parqueté et végétalisé. L'on y prend les repas à l'abri des ardeurs solaires, sous les guirlandes lumineuses façon guinguette au bord du fleuve, avec la vue sur les eaux du Bassin et les nouveaux quartiers du Bordeaux « en marche » !

Ci-dessous : La salle à manger suit la partie salon et côtoie la cuisine. Table en Plexiglas entourée de sièges *Ghost* Philippe Starck chez Kartell, sur fond de commode argentée à la feuille Atelier Esteban. Au-dessus, bas-relief *Oreille* en PVC, publicité pour matériel auditif des année 1970, *Nez* et *Bouche*, fragments en porcelaine signés Fabienne Jouvin, le tout surmonté par la courbe douce de la poutre-navire originelle.

Page de droite : Le salon, outre ses traditionnels hublots, bénéficie d'un éclairage zénithal, et latéral par les verrières de l'escalier d'accès. Le code couleur adopté pour la totalité de cet habitat flottant - noir, blanc, bois - prend ici toute sa valeur. Canapé Chesterfield et fauteuil en cuir vintage sur parquet en pin, mobilier en provenance de Maisons du Monde, AM.PM et Ikea habitent simplement et avec confort cet espace. Sur la table basse, ouvrage photographique en noir et blanc signé du grand Francis Giacobetti, parent du propriétaire des lieux.

SMEG
SMEG

Page de gauche : La cuisine Ikea a été customisée par un menuisier, avec des portes en planches de palettes munies de platines en métal pour les prises de main. Appareils électroménagers Smeg, blender Proline, appareil Sodastream et cocotte Ikea. Autour du comptoir, sur le parquet en pin, chaise gainée de tissu zèbre et tabourets en Plexiglas *Ghost* Philippe Starck chez Kartell.

Ci-dessus : Tous les détails techniques propres à la navigation fluviale ont été sauvegardés ou restaurés.
La poignée de porte à mécanisme sécurité du compartiment étanche.
Les marches en métal à relief antidérapant longent le mur étanche.
Les mains courantes en corde de Nylon noir à nœuds sont fixées par des crochets sur platines aimantées à la paroi métallique.

La chambre préserve son intimité grâce à la porte coulissante en verrière Leroy Merlin. Parure de lit en lin blanc AM.PM, plaid en fausse fourrure grise, nain de jardin en résine façon béton chez Carrément Fleurs, bibliothèque Ikea et lettres en métal Leroy Merlin.

La salle de bains avec son parquet d'origine peint en noir a été installée par le chaudronnier Jean-Marie Larivière. Le plan de travail sur mesure en bois exotique traité marine supporte les vasques en marbre de synthèse munies de robinets Raindance. Baignoire Kaldewey encastrée en acier émaillé, corbeilles en vannerie AM.PM et miroirs Ikea. Sous les consoles murales en fer, la bibliothèque est constituée de modules rectangulaires AM.PM.

UNE ANCIENNE BERGERIE

Adepte des volumes sobres et lumineux, des matières nobles et simples et des objets aux lignes épurées, l'architecte d'intérieur Laurence Gaches a acquis en 2013 cette ancienne bergerie créée dans un relais de poste du XIXe siècle, située entre Nice et Grasse. Elle en a fait un élégant lieu de vie et de travail bercé par les alizés provençaux.

ROQUEFORT-LES-PINS | 220 M² | XIXE SIÈCLE | RÉNOVÉE EN 2012

Un jardin clos planté d'oliviers tricentenaires entoure la maison en pierre qui faisait partie autrefois d'une exploitation agricole, et qui avait subi des reconversions plus ou moins heureuses. « Nous avons d'emblée été séduits par le charme du lieu, raconte Laurence Gaches, par les contreforts extérieurs et les meurtrières situés au rez-de-jardin de la demeure qui lui donnaient un petit côté médiéval. D'autant plus que lorsque nous sommes arrivés dans la région, nous nous sommes vite trouvés confrontés à des choix de maisons qui ne nous plaisaient pas du tout. L'intérêt de vivre ici est d'être dans une zone géographique urbanisée tout en étant dans l'arrière-pays. La ville la plus proche est Antibes, et la mer est à dix kilomètres. » Vivant au rez-de-chaussée de cette demeure qui possède un étage, l'architecte, et maîtresse des lieux, a entièrement réorchestré la surface habitable en un loft contemporain, sans forcément faire de changements radicaux en termes d'espace et de circulation. D'une superficie de cent mètres carrés, la pièce principale au plafond voûté a été seulement agrémentée de semi-cloisons afin de créer un bureau, un salon et une salle à manger, et rendre ainsi indépendantes les pièces de vie et les aires privées. Le bureau a été installé dans l'ancienne étable mangeoire. Occupant la surface de trois pièces anciennes dont les cloisons ont été abattues, la cuisine a été en revanche entièrement dessinée sur mesure par Laurence Gaches et réalisée par l'entreprise lyonnaise Finox. Le loft compte également trois chambres et salles de bains déclinées dans la même épure graphique. Deux cent vingt mètres carrés en tout sur lesquels planent une lumière et une fraîcheur apaisantes et d'où l'on entend l'été, lorsque les volets sont mi-clos, le chant des cigales.

Page de gauche : Dans le salon au parquet de chêne clair, sur une peau de vache, lounge chair avec repose-pieds Charles & Ray Eames, deux méridiennes noires et une table basse d'Antonio Citterio chez B&B, une paire de fauteuils Nord-Sud et peintures de Loretta Rossi (Galerie Noëlle Aleyne, à Paris) éclairées par une lampe *Bourgie* de Ferruccio Laviani chez Kartell.

Ci-dessus : Laurence Gaches, architecte d'intérieur et propriétaire de cette ancienne bergerie qui – de ces trois rangées de voûtes en demi-jour – a réalisé ce lumineux et très élégant loft.

Restait l'éventuelle sensation de claustrophobie que le revêtement intérieur en pierres du pays et l'épaisseur des murs de soixante-dix centimètres étaient susceptibles de générer. « Le blanchiment à la chaux a complètement réglé cette éventualité, confirme la maîtresse des lieux. D'autant plus que la hauteur sous plafond de deux mètres quatre-vingts participe à cette sensation de volume, tout comme le choix des parquets en chêne clair et les formes voûtées des fenêtres, à celle de la lumière. L'épaisseur des murs contribue au contraire de manière naturelle à la régulation thermique de la demeure. L'air circule ici librement. »

L'INSPIRATION ITALIENNE

Avant de se lancer dans la décoration, Laurence Gaches a fait des études de commerce puis a entamé une carrière dans l'événementiel. Secteur d'activité qu'elle abandonnera rapidement pour se consacrer à sa passion actuelle, en commençant sa carrière à Paris et en la poursuivant ensuite à Rome et à Milan, où elle suivra une nouvelle formation et deviendra architecte d'intérieur. « Mon travail a toujours été très inspiré par les années que j'ai passées en Italie, reconnaît-elle. Là-bas, on hisse la rénovation au niveau de l'excellence, on réhabilite les lieux sans les changer, on respecte la moindre fresque, on se bat pour préserver l'âme et l'authenticité. » Elle fonde ensuite son agence, Interior Design Studio, et réalise depuis essentiellement des chantiers privés dans le sud de la France, en appliquant ses règles en termes de sobriété, de lumière et de matières. Une rigueur qu'elle étend également au choix du mobilier qui n'exclut pas des mélanges fantasques et poétiques.

Ci-dessous : Côté salle à manger, les voûtes sont enduites sur les deux tiers de la hauteur, puis en pierre jointoyée et chaulée pour la partie supérieure. La table Collectania, entourée de chaises Eero Saarinen de Knoll et d'un tabouret *Bubu* signé Starck, est dressée avec un service griffé Fornassetti chez Rosenthal et des verres en cristal gravés Gianni Versace, sur des sets de table en lin Villa Lavinia. Sur le mur du fond, œuvre de Loretta Rossi.

Page de droite : Dans l'entrée, la bicyclette pliante électrique voisine avec la bibliothèque et sa collection de couvre-chefs, face au lit de repos en cuir blanc de Mies Van der Rohe chez Knoll.

Page de gauche : La cuisine, réalisée sur mesure tout en Inox par Finox, occupe la longueur d'une voûte, joue sur les transparences et révèle un total look blanc. Plaques et réfrigérateur Smeg, robinetterie Grohe et, sur le plan de travail, collection de cloches en verre, batteries coutelières et grille-pain Russel Hobbs.

Ci-dessus : Le jour pénètre par des petites ouvertures rectangulaires percées dans les voûtes. Lumière et nature s'y inscrivent comme dans un tableau.

Ci-dessus : La salle de bains, entièrement habillée de béton lissé ciré ton taupe est équipée d'une vasque et d'une robinetterie Flavinia, design Philippe Starck chez Duravit, éclairée par des appliques *Tolomeo* chez Artemide.

Page de droite : La chambre, d'un blanc immaculé, donne de plain-pied sur le jardin. Le lit, habillé d'une parure de lin Libeco est entouré d'un fauteuil Starck *Mademoiselle* pour Kartell, gainé de panthère Dolce & Gabbana, d'un guéridon Knoll et d'une descente de lit en peau de zèbre. Au mur, diptyque signé Loretta Rossi.

Un espace lounge précède le passage vers la partie nuit avec sa chambre, son dressing et sa salle de bains. Sur une grande peau de zèbre et une petite peau d'agneau, grand canapé Nord-Sud revêtu d'un drap ancien et de coussins en peau de bête contre une table basse noire, une lampe Kartell et un lampadaire *Tolomeo*. En cimaise, œuvres de Loretta Rossi et, en face, collection de photophores, totem en *Bubu* empilés de Starck et chaise de Knoll.

On pénètre directement de la cour-jardin à la bergerie assiégée par la végétation méditerranéenne. Côté détente, paire de chiliennes AA et sous la pergola ombreuse qui signe l'entrée, table et chaises Fermob sur sol en terre cuite.

GOLIATHUS

LE MOULIN DU BONHEUR

Il en est des maisons comme il en est des rencontres. C'est le cas de ce moulin datant du xve siècle traversé par la Mauldre. Un lieu chargé d'histoire à cinquante kilomètres de Paris, tout près de Saint-Nom-la-Bretèche, que Marc-Henri et son épouse Catherine ont racheté il y a trente ans pour y vivre. Histoire d'un coup de foudre.

MAULE | 525 M² | ANNÉES 1460 | RÉNOVÉ EN 2011

Ce fut donc une folie, et avant tout financière, « Même mon père était contre, explique Marc-Henri, et pourtant c'est le moulin qui nous a appelés, c'est lui qui nous a choisis. Ce lieu a été d'une immense générosité. Il nous a donné une seconde vie, il a été la pierre sur laquelle on a bâti un rêve, ainsi que ma carrière professionnelle. Il a même séduit notre banquière car il est inutile de préciser que nous n'avions pas un sou en poche à l'époque. On lui est très redevable. Il y a des lieux ainsi, qui ont une âme particulière, comme un parent qui vous accompagne un bout de votre existence. Et puis nous l'avons peut-être eu tout simplement parce que c'était lui, et parce que c'était nous... »
Avant cette rencontre, le site a eu plusieurs vies. Construit vers 1460 (la cave date de 1675), il a d'abord appartenu au clergé de Saint-Germain puis à l'aristocratie qui régna sur la région, Harlay de Sancy et Riquet de Caraman. Vers 1750, le grand aïeul de l'actuelle maîtresse des lieux habitait la ferme voisine et livrait au clergé, et donc au moulin, ses peaux de mouton afin que ces dernières soient transformées en reliures. « C'est ce que nous avons découvert lorsque mon épouse entreprit des recherches pour son arbre généalogique », explique Marc-Henri.
Cela dit, le lieu a toujours été fonctionnel puisque après y avoir moulu du grain, il est devenu une draperie, puis un lieu de copie de livres, une fonderie au début des années 1900 et enfin le musée de monsieur Boisset qui abritait la plus grande collection de vélos au monde. « Son épouse était férue d'ésotérisme et a prédit tout ce qui allait nous arriver, reprend Marc-Henri, nous achèterions le moulin et

Page de gauche : Le salon réside en plein cœur du moulin dont l'impressionnant mécanisme est visible au dehors et au sein même de la pièce, protégée par un garde-corps en fer forgé. Au premier plan, canapé recouvert d'un plaid en fausse fourrure, les deux AM.PM, contre le tapis rouge corail marocain et la jarre en terre de même provenance, surmontés d'une toile signée Alexis Gorodine.

Ci-dessus : Entre roues et engrenages qui mangent sa façade, Marc-Henri, propriétaire de ce moulin sur les eaux de la Mauldre.

nous y vivrions trente ans.» Et l'histoire se poursuit puisque le site abrite également les bureaux de l'actuel propriétaire qui a fondé une société gérant des entreprises spécialisées dans le tourisme.

INDUSTRIEL ET POÉTIQUE

Sur cette bâtisse qui reste classique de l'extérieur, et sur laquelle planent quatre siècles d'histoire, le couple a mis tout son temps, son argent et surtout sa passion pour sa réhabilitation. «Ce lieu nous a investis d'une mission qui allait nous rendre heureux.» Rénovation spectaculaire donc sur plus de quinze ans, afin de rendre le lieu habitable et surtout contemporain, où tout a été entièrement refait, charpentes, toitures, fenêtres, eau courante, électricité, même si le tableau électrique d'origine, en bois, fixé sur un des murs du salon, a été conservé afin de garder le charme industriel. En tout, mille mètres carrés de surface habitable et de dépendances avec une multitude de coins intimes et chaleureux, malgré les murs de quatre-vingts centimètres d'épaisseur qui apportent une protection thermique idéale, été comme hiver, et l'ampleur des pièces: soixante-quinze mètres carrés pour chacun des deux salons, cent mètres carrés pour la chambre parentale avec sa bibliothèque et son escalier en colimaçon et en chêne, cinquante mètres carrés pour la cuisine. La plupart des éléments architecturaux et des revêtements ont été chinés: les cheminées proviennent de la galerie Origines, située à Houdan, le parquet a été réalisé à partir d'un plancher de wagons à bestiaux poncé au sable noir et à la main. Celui de la chambre a été récupéré dans un château. La porte de l'escalier était une ancienne porte d'ascenseur, les portes du garage, des fiacres, sont devenues les actuelles portes de placard de la cuisine... Même métissage d'objets, de mobilier de famille et de mobilier chiné pour la décoration, avec dans le salon, des fauteuils en cuir aux accoudoirs en aluminium fabriqués en Inde, mélangés à des lampes, des suspensions et des petites tables que le propriétaire, créateur à ses heures, a spécialement confectionnés pour le lieu. Jouxtant la forêt de Rambouillet, le parc de un hectare planté de chênes, d'érables, de frênes, de peupliers et d'arbres fruitiers fait planer sur le moulin le rythme des quatre saisons...

**Ci-dessous: Noyé dans les frondaisons, le moulin contemple son reflet entre roseaux et thalia, joncs et bambous.
Dans le salon, les maxi-rouages qui actionnent le moulin.
Au mur en pierre apparente jointoyée, le tableau du compteur électrique d'origine et l'œuvre du peintre russe Alexis Gorodine.**

Page de droite: Dans le salon au sol en parquet de wagons à bestiaux, la paire de tables basses en fer forgé customisée par le maître de maison à partir de grilles d'ouvrants, est entourée d'une banquette d'angle ivoire garnie d'un plaid et de coussins en fausse fourrure AM.PM. Leur faisant face, sur un tapis marocain, une paire de fauteuils en cuir et Inox.

GOLIATHUS

Page de gauche : La cuisine-salle à manger est dominée par l'arbre de transmission qui actionne les roues, pignons et autres engrenages. Réalisée sur mesure en chêne naturel par l'ébéniste Giovale à Coignières, elle s'organise autour d'un bloc central et d'un évier en pierre du Hainaut tout comme le sol. Piano en Inox Ilve, robot KitchenAid et four micro-ondes Siemens.

Ci-dessus : Côté salle à manger, table ronde en chêne et verre à piètement volutes en fer forgé entourée de chaises cannées, face aux grands placards à impostes réalisés à l'aide des portes de remises à fiacres trouvées sur place. En cimaise, au-dessus du fauteuil années 1950, toile polychrome en provenance de Saint-Domingue.
La petite cheminée, sur son mur en brique chaulée, est surmontée d'une paire d'aquarelles sénégalaises signées Marzo. Tout contre, fauteuil Fifties, gainé de cuir rouge.

3

DÉTAILS D'ARCHITECTURE

UNE CABANE EN VILLE

C'est une maison toute simple de forme cubique dont la partie supérieure est habillée de planches en pin. Une cabane d'aujourd'hui dont l'austérité n'est qu'apparence. Spécialisé dans les maisons contemporaines, l'architecte basque Philippe Berdalle l'a construite en 2013 au cœur d'Anglet, dans une petite forêt de chênes et de pins, réconciliant ainsi nature et architecture.

ANGLET | 114 M² | 2014

D'emblée, elle surprend avec sa base vert flamboyant, coordonnée à son bardage et à sa maçonnerie, et sa partie supérieure en planches de pin érodées par le climat et les embruns. Comme si c'était deux maisons en une, deux histoires. Et pourtant, la construction, a priori austère, se fond complètement dans l'environnement qui l'entoure. Et dans la petite ville d'Anglet, située à quelques minutes de Biarritz, l'autre pépite de la Côte basque, station balnéaire qui jouxte la forêt, célèbre pour ses plages de sable immenses, son horizon sans fin, la beauté de l'océan et une proximité avec la nature que lui envient les autres villes de la côte.
Diplômé de l'École de Bordeaux, l'architecte Philippe Berdalle l'a construite à l'origine pour lui et ses filles, trouvant là un nouveau défi à relever, ou tout simplement pour répondre à un rêve d'enfant, habiter dans une cabane comme on en construisait autrefois dans les branches des arbres. Avec ici un cahier des charges bien plus mature certes, et qui cadre avec les maisons et les logements collectifs qu'il réalise habituellement: s'adapter au lieu, intervenir dans un cadre complexe, apporter des réponses. En résumé, créer des demeures pour vivre en adéquation avec ses rêves. «L'idée était surtout d'en faire une maison de forêt en pleine ville, avec une terrasse en bois au premier étage orientée plein sud, et qui est très ombragée l'été grâce aux arbres qui l'entourent. Il s'agissait donc avant tout d'inscrire cette construction dans la végétation, de renforcer l'idée de cabane, l'impression d'être en pleine nature alors que le centre-ville n'est pas loin, d'autant plus que la surface habitable est, somme tout, assez relative.» Cent quatorze mètres carrés en tout divisés en deux espaces

Page de gauche: Vue plongeante sur la maison-cabane solidement implantée dans la verdure. La voiture-jouet, Vespa 400 des années 1960, est toujours en fonctionnement et sort chaque jour de «sa niche» pour des balades alentour!

Ci-dessus: L'architecte basque Philippe Berdalle dans l'embrasure d'une fenêtre de la maison-cabane qu'il a conçue au milieu de la végétation.

thématiques. À l'étage, l'espace de vie qui comprend salon, salle à manger, cuisine, chambre parentale et chambre de la petite dernière... Au rez-de-chaussée, un studio et une chambre indépendantes pour les enfants devenus adolescents.
À l'intérieur, la même immersion dans la nature se devine grâce au travail de la lumière, de la simplicité des matières et de la palette chromatique blanche et verte. Avec son îlot central, la cuisine a été dessinée sur mesure. Les étagères très graphiques du salon composent une bibliothèque aérée. Côté habillage, la même simplicité règne, carrelage au rez-de-chaussée, parquet en chêne à l'étage, escalier en béton desservant les deux niveaux et grandes baies vitrées en aluminium d'où la vue embrasse les pins qui ondulent sous les vents du large.

Ci-contre: L'édifice à toiture plane tutoie le ciel basque sans entrave à la vue. Il est percé de fenêtres verticales en meurtrières qui suivent les lignes graphiques du bardage bois.

Page de droite: Cette maison-cabane a été pensée comme un rêve d'enfant, un jeu de cubes qui s'interpénètrent et forment un habitat basique, simple mais poétique. Ici, le cube garage qui jouxte le cube habitat. Il est habillé en totalité du même bardage en pin, a contrario de l'élément principal qui voit son soubassement peint en vert printemps et sa partie supérieure bardée de bois. Le bois de chêne cerne la maison qui apparaît comme un nid au cœur du bosquet.

Le salon, à l'étage, donne sur la terrasse noyée dans la canopée. Ici, le code couleur de la bâtisse est omniprésent : vert de rigueur, mais rythmé de graphismes blancs. Vaste banquette en L face à la nature, miroir pour la refléter et grande bibliothèque ponctuée de références aux arts asiatiques : calligraphies chinoises, estampes japonaises, flore orientale et ouvrages sur le même propos. Petit canapé 1930 et table basse Art déco.

Gros plan sur la bibliothèque
et ses potées d'orchidées
Phalaenopsis. Sur la table Art
déco, collection de vases et
potiches en cloisonné chinois
et japonais.
La descente d'escalier avec
sa maquette de Katana en bois
et ses trois gravures de chats
signées Dubout.

Ci-contre : Dans l'entrée, l'escalier en béton dessert le niveau 1, étage où se déroule la vie.

Page de droite : La cuisine, tout de blanc vêtue sur mur vert pin, voisine avec le salon et adopte la même harmonie chromatique. Le plan de travail central en Corian, entouré de tabourets de bar et de sièges façon tracteur, fait office de table pour les repas, eux aussi imprégnés de culture asiatique. Électroménager Beko, bouilloire Électrolux, cafetière Nespresso, bloc à couteaux Bodum, théière chinoise en fonte et tasses à saké japonaises.

Page de gauche : La terrasse, sous sa structure en bois, est en pleine osmose avec la nature. Pourtant située en pleine ville, elle bénéficie d'une intimité totale grâce à son écrin vert. Table ronde en verre à piétement tubulaire en métal, entourée de sièges en aluminium.

Cette maison cubique en bardage de pin posé en lames irrégulières dispose en rez-de-jardin d'une galerie qui donne un accès direct à l'entrée en étant abritée des intempéries locales. Elle fait aussi office de stationnement pour la voiture-jouet du propriétaire d'un délicat bleu opalin.

LA VILLA ZEN

Perchée à quatre cents mètres d'altitude, la villa *Wimpole*, construite en 2007 par l'architecte Maurice Sauzet, domine le village de La Garde-Freinet. Une bulle de sérénité perdue dans la végétation, située à quelques kilomètres de la mer et qui privilégie avant tout ce rapport très intime, voire ici fusionnel, entre l'architecture et la nature.

LA GARDE-FREINET | 250 M² | 2006

Tout autour, le domaine composé de lavande, de figuiers, de lauriers, de graminées, de bambous... s'étend sur deux mille cinq cents mètres carrés. Immergée dans la nature, la façade extérieure ocre de la demeure se fond dans le paysage, sans jurer avec ce dernier, rendant ainsi hommage au soleil. À l'intérieur, tout est blancheur. Au sol, les dalles en pierres du pays, chaudes l'hiver et rafraîchissantes l'été, créent ainsi une sorte de régulation thermique naturelle. « J'ai eu immédiatement le coup de foudre pour le site et pour la vue extraordinaire, révèle le maître des lieux qui vit et travaille à Londres, puis pour ce nid d'aigle perché sur une colline, dominant la vallée des Maures. Un lieu idéal pour contempler, se ressourcer, s'isoler, et méditer sans jamais se sentir seul. On l'a acheté tel quel, sans rien changer à sa structure, à sa circulation, à l'ordonnancement des pièces. On a en revanche confié la décoration à Sonja Maraite-Mias, architecte d'intérieur qui dirige la boutique Les Amandiers à Sainte-Maxime, et à Sylviane Leconte, qui a créé Chlorophylle en Martinique. Le jardin a été également repaysagé et la piscine rénovée avec des dalles de Bourgogne. »
La villa a été baptisée *Wimpole*, clin d'œil au nom de la rue à Londres où le propriétaire habite, celle également où Paul McCartney aurait composé en 1965 la chanson *Yesterday* alors qu'il vivait au dernier étage de la maison de la famille Asher, située au 57 Wimpole Street.

Page de gauche : Le salon est totalement ouvert sur la nature environnante par le biais de baies vitrées qui coulissent sur toute la longueur de la façade. Le sol, identique dehors-dedans, est en pierre de Bourgogne calepinée en diagonale. Il efface ainsi les limites intérieur-extérieur. L'enduit couleur ocre du bandeau règne sur toutes les façades de la maison. Côté confort autour de la cheminée, paire de canapé et méridienne en cuir chocolat, et rocking-chair sur tapis en coco gansé.

Page de gauche : À l'heure de l'apéritif, l'on se retrouve sur la terrasse qui domine la piscine autour d'un mobilier en vannerie synthétique de Vincent Sheppard.

Ci-contre : Puis l'on passe à table dans la salle à manger ouverte/couverte, en gardant sous les yeux la vue exceptionnelle sur La Garde-Freinet. Sur un tapis en lirette de coton, table à piétement bistro et sièges Charles & Ray Eames.

Double page suivante :

À gauche : Sur la terrasse, la silhouette solaire du fauteuil corbeille en vannerie se détache en ombres chinoises sur le sol en pierre de Bourgogne.

À droite : L'escalier à vis accède aux chambres sous la terrasse. Ses marches en pierre de Bourgogne soulignées d'une lice en chêne naturel, sont serties dans la maçonnerie. Un garde-corps en métal noir épouse sa courbe. Où l'on retrouve la conjonction des formes circulaires, symbole d'harmonie parfaite chère à Maurice Sauzet.

FLUIDE DE SÉRÉNITÉ

À l'intérieur, l'ampleur des pièces se calque sur celle du paysage. Grand salon, cuisine et salle à manger ouvertes sur la terrasse, quatre chambres et leurs salles de bains respectives avec de grandes baies vitrées donnant sur la nature. Deux cent cinquante mètres carrés en tout, travaillés dans une minéralité apaisante. « L'originalité de cette demeure réside justement dans son ouverture sur l'extérieur, explique le propriétaire, dans la multiplicité des puits de lumière, dans la sensation de se sentir à l'extérieur tout en se sentant protégé. »
L'autre force de la demeure réside dans les ondes de sérénité qu'elle diffuse, et cela non seulement grâce à sa vue spectaculaire mais surtout grâce à l'architecture intérieure, au volume des pièces, à leur orientation en fonction de la lumière, du lever et du coucher du soleil, des vents. « Il y a une sorte de fluide énergétique qui circule un peu partout, confirme-t-il, une sorte de paix qui s'installe en vous dès que vous déposez vos valises, car la villa a été construite selon les principes du feng shui. »

Ci-contre : L'ombre de Corto Maltese – grande passion du propriétaire des lieux – plane sur cette chambre. Jeté de lit en fourrure sur parure en lin blanc, fauteuil en rotin tressé Scapa, radio style vintage Teak, paire de lampes de lecture en fonte, lampadaire en papier japonais sur tapis Limited Edition.
Dans l'entrée, l'on croise une guitare Washburn sur son support, puis une œuvre murale abstraite, avant de rejoindre la cuisine.

Page de droite : Dans le salon, la très vaste cheminée s'inscrit en courbe douce sous la mezzanine. Sur le manteau, un beau portrait léonin en noir et blanc regarde le jardin.

UN RECUEIL D'HARMONIE

Architecte, penseur et philosophe renommé, à l'origine du courant de l'Architecture naturelle, Maurice Sauzet, l'auteur de la villa *Wimpole*, a principalement réalisé durant toute sa carrière des demeures d'inspiration bouddhiste, méditerranéenne et japonaise qui privilégient avant tout la relation entre l'homme et le lieu, fondant ainsi son travail sur une approche très humaniste. Et sur une architecture dont le fond repose sur une philosophie « d'éveil de l'être ». Chacune de ses réalisations porte une patte facilement identifiable et repose sur une démarche qui se fonde sur la kinesthésie, afin de définir les plus belles vues, les contre espaces, la profondeur, les limites, les transparences et les opacités, la circulation, l'orientation. Dans chacune de ces villas faisant corps avec la nature, le moindre élément architectural a un rapport quasi mystique avec le cosmos, le moindre détail, un sens, créant ainsi, au sein du lieu, une carte d'émotions, un parcours, une quête avant tout intérieure, « faisant ainsi de la maison non plus une machine à habiter mais un espace où tout vit en harmonie, architecture, nature, homme, environnement ».

Dans les vitrages du patio intérieur végétalisé se reflète la vue sur La Garde-Freinet qui lui fait face.
Du jardin, vue en contre-plongée vers la terrasse.
La volée de marches qui descend vers le bassin de nage.

Émergeant de la végétation méditerranéenne, l'édifice fait corps avec la pente naturelle du jardin en restanques. Toute en formes curvilignes et en horizontalité, la maison offre au regard ses transparences vitrées et ses façades enduites d'ocre jaune, hommage à l'astre solaire.

AUX PIEDS DU LAC

Au bord du lac Léman, la *Casa 26*, construite en 2007, affiche un parti pris peu banal. Non seulement pour son revêtement en tôle rouillée mais surtout pour son architecture tout en longueur. Une folie que le propriétaire Marc, artiste plasticien, a fait réaliser par l'agence d'architecture Kaufmann & Widrig, basée à Zurich.

THONON-LES-BAINS | 320 M^2 | 2007

Ici, rien n'est comme à l'accoutumée. C'est le côté le plus étroit de la demeure qui fait face au lac et non sa façade principale. « Il est vrai que le site m'a immédiatement envoûté, reconnaît Marc, et que j'ai d'abord succombé au charme de ce terrain tout en longueur qui s'échouait en pente douce vers l'eau. À l'époque où j'habitais Zurich, je vivais déjà dans une maison très contemporaine mais plus minimaliste que celle-ci, plus normale, plus ennuyeuse peut-être aussi... D'où le contre-pied total ici, avec ce bâtiment long et étroit nettement plus original, et qui réinterprète d'une certaine manière une nouvelle conception de l'habitat. À moins que ce soit tout simplement la typologie du terrain qui ait édicté la structure de la maison... J'ai donc fait construire la demeure en privilégiant les grandes ouvertures et les baies vitrées sur les côtés mais également sur le toit, pour laisser œuvrer la lumière du sud l'été, et la chaleur du soleil l'hiver. Inutile de vous dire que tout cela a beaucoup choqué au début sur cette côte idyllique parsemée de demeures très classiques et très bourgeoises... »
Autour, le terrain de deux mille mètres carrés a également son histoire. Il faisait partie d'un domaine qui appartenait à la maison voisine, construite au XIXe siècle. Les propriétaires, des soyeux lyonnais, étaient des amis des frères Lumière qui y ont tourné leur premier film. Si la partie haute du jardin est restée telle quelle et se résume à un verger planté de pommiers, de cerisiers et de divers arbres fruitiers, la partie basse a été en revanche repaysagée et alterne aujourd'hui allées de graviers et bassins.

Page de gauche : En première ligne, la *Casa 26*, ouvre son pignon en large baie sur les eaux du lac Léman. Sa « peau » en tôle rouillée tranche sur les frondaisons des platanes qui la protègent partiellement des regards. Le salon, vaste pièce de 9 m sous plafond, de plain-pied sur le parc, bénéficie d'une vue imprenable sans vis-à-vis aucun.

Ci-dessus : L'artiste plasticien Marc, initiateur et propriétaire de l'édifice, devant une de ses œuvres conceptuelles sur panneau de mélèze : *No Time for Time* (2017).

HABILLAGE TOUT SIMPLE

À la base, la structure de cette demeure aux lignes radicales consiste en une maison en bois préfabriquée sur laquelle a été posé un revêtement en tôle d'acier, réalisé par une entreprise autrichienne, Oa.sys. « Je me suis inspiré d'un pavillon que Jean Nouvel avait conçu pour l'Exposition universelle de 2002 en Suisse, reprend Marc. C'est tout simplement un monolithe aux lignes droites, habillé d'une structure dont le côté rouillé contraste avec l'eau bleue du lac. »

La structure générale de la demeure a été réalisée de concert avec l'agence d'architecture Kaufmann & Widrig. Tout le génie de la construction fut donc d'épouser le sens inverse de la dénivellation du terrain, si bien que la hauteur de certains plafonds culmine à neuf mètres. À l'intérieur, le minimalisme est également la règle. Sols en béton ciré, murs et plafonds en plaques de mélèze, qui participent en outre à l'excellente acoustique intérieure, s'harmonisent aux huisseries et menuiseries également en mélèze, matière isolante dont la couleur évolue tout au long de la journée, se patine avec le soleil, et vibre comme la moire des soieries lyonnaises.

Sur cette surface habitable de trois cent vingt mètres carrés, les volumes des pièces s'alternent avec harmonie tout comme les matières minérales et végétales. Un même respect de la nature a été observé pour les peintures murales qui ont été réalisées avec les couleurs Le Corbusier de la marque Thymos, faites avec des pigments naturels.

Page de droite : Le grand salon, aux rives du lac, exploite le vaste volume de l'édifice à son plus haut ! Entièrement panneauté en mélèze à l'identique de toute la maison, il exprime une sensation chaleureuse renforcée par la cheminée Focus en acier canon de fusil. Sur le tapis années 1960 chiné à Berlin, paire de fauteuils vintage anonymes en chêne naturel gainé cuir achetés chez un antiquaire à Zurich, face à la table basse Charles & Ray Eames et le canapé de Sede. Au mur, un portrait de Bonnard, technique mixte, par Ernesto Vila.

Ci-dessous : la salle à manger, qui communique avec la cuisine, est située en surplomb du salon, séparée par une cloison basse érigée en bibliothèque. Éclairée par une baie vitrée sur sa gauche et par une batterie d'ouvertures carrées sur sa droite, elle déploie sa longue table Tossa en chêne fumé cernée de Panton Chair. En cimaise, à gauche, petit tableau signé Ernesto Vila et à droite, panneaux géminés Love truck d'Agustin Sabella.

MEXICO

Page de gauche: Dans la chambre, parure de lit en lin blanc et gris perle, sous l'œuvre inspirée de Juan Manuel Rodriguez Arnabal. À gauche fusain signé Virginia Patrone. Chevet sur mesure en poirier surmonté d'une lampe de lecture vintage.

Ci-dessus: Sur le plan de travail en acier de la cuisine, au-dessus de la coupe en fonte d'aluminium, moulage métallique en relief sous vitre de chambre froide, œuvre de Nicola Constantino. Du bureau situé en mezzanine, l'on jouit de la vue lacustre et du balai des navires qui croisent sur ses eaux.

ŒUVRES À MESSAGE

Avec un même sens du détail, Marc a dessiné non seulement l'architecture intérieure de sa demeure mais également sa décoration, en mêlant à du mobilier chiné des meubles et des placards qu'il a dessinés, tout comme la bibliothèque et la cuisine avec son élégant plan en acier. Et il a complété cet écrin de bois, conçu comme une œuvre de lutherie, d'icônes du design du XXe siècle, de mobilier d'architecte et d'œuvres d'art contemporaines, aux messages souvent politiques et sociaux, provenant, entre autres, d'Uruguay. C'est ainsi qu'un canapé de Sede côtoie des fauteuils scandinaves des années 1950, que la table de Charles & Ray Eames a été placée au cœur du grand salon car elle a la même brillance que l'acier de la cheminée, que l'œuvre trash d'Aldo Baroffio, métaphore sur la société de consommation, fait écho à un bronze lyrico-morbide de Nicola Costantino et que des œuvres personnelles jalonnent les pièces comme des marques du temps.

Double page précédente:

À gauche: Contre le panneautage en mélèze s'inscrit, telle une sculpture, la cheminée Hétéro de Focus en acier canon de fusil. Sur le sol en béton poli ciré, fauteuil vintage, table basse Charles & Ray Eames et siège tubulaire en cuir de Marcel Breuer pour Thonet, sous le portrait de Bonnard par Ernesto Vila.

À droite: En contre-plongée, vue vertigineuse sur les hauteurs du salon, entièrement habillé de mélèze dont la couleur se modifie sous l'action des rayons solaires. Côté terre ferme, l'éclairage semi-zénithal est assuré par une série d'ouvertures en barrette, un contrepoint aux grandes verrières qui prodiguent la lumière côté Léman.

Ci-contre: Adoptant la grammaire architecturale du lieu, les longues façades latérales sont percées en carrés. Un avant-toit en casquette surplombe l'entrée et la protège des caprices climatiques.

Page de droite: L'édifice – imposant dans sa coque en tôle rouillée façon acier Corten – semble un paquebot amarré aux rives du lac. La pente naturelle du terrain s'inclinant vers la berge, le bâtiment a été édifié, a contrario, en marches successives ascendantes! Appliquant le même principe, sa partie la plus large se trouve en haut, tandis que la façade la plus étroite s'approche du rivage... Une construction étrange, qui s'inscrit harmonieusement dans ce paysage bucolique, entre verger agreste et panorama lacustre sur fond de ciel.

UNE PISCINE AU CŒUR DE LA MAISON

Avoir une piscine couverte n'est pas chose rare, sauf lorsque cette dernière a été creusée au centre d'une maison, y apportant de la profondeur et surtout une dimension poétique. Gilles et sa compagne sont les propriétaires de cet ancien relais de poste, relooké par l'architecte marseillais Rudy Riccioti bien avant que le couple ne l'acquière.

MARSEILLE | 350 M² | XIXᴱ SIÈCLE | RÉNOVÉ EN 2006

Marseille, quartier nord de la ville, un arrondissement populaire situé dans le village historique de Saint-Barthélemy. Derrière une porte en fer décapée se cache un loft de trois cent cinquante mètres carrés, qui se résume à une magistrale pièce de vie et de réception de deux cents mètres carrés et d'un étage desservi par une coursive aérienne, départageant trois chambres. À l'origine, le lieu était un ancien relais de poste datant du XVIIIᵉ siècle, et certains vestiges témoignent encore de son ancienne configuration. C'est devenu ensuite une ferme, puis un entrepôt abritant des machines-outils destinées à des réparations navales et enfin un garage. Jusqu'à ce qu'un couple achète le lieu dans les années 2000 et confie à Rudy Ricciotí sa restructuration complète, avec comme impératif de mettre une piscine en plein milieu.

« Je l'ai acquis ainsi, avec les travaux inachevés, explique Gilles, fondateur et directeur artistique d'une compagnie de théâtre, car le couple s'était séparé avant la fin de la rénovation. J'ai toujours vécu dans une caravane et acheter une maison ne faisait vraiment pas partie de mes projets de vie. Puis je suis tombé par hasard sur ce bien en consultant la brochure d'Espaces Atypiques. J'ai tout de suite senti que ce lieu laissé en jachère allait changer ma vie. D'emblée, j'ai aimé l'atmosphère qui s'en dégageait, l'impression d'être dans une oasis, et surtout de se retrouver en pleine ville tout en se sentant déconnecté. »

Page de gauche : Le bassin trône en majesté au cœur de cet ancien garage réhabilité en habitat. Le pignon tronqué et vitré en verrière fait place à une terrasse-jardin. Latéralement, la vie s'organise au gré des coursives.

Ci-dessus : Aux rives de sa piscine, Gilles, propriétaire des lieux œuvrant dans les arts du spectacle.

Si les premiers travaux furent importants, ceux qui suivirent furent également conséquents, un peu comme lorsque l'on reprend une sculpture inachevée. Une partie du toit a donc été enlevée afin de créer une ouverture sur le ciel, les deux extrémités du bâtiment ont été restructurées et la superficie de la surface habitable a donc été réduite. La piscine chauffée a été terminée, le sol de l'étage finalisé, tout comme les peintures. Murs blancs et sols en béton ciré pour la tonalité générale, les seules variations chromatiques étant apportées par des touches de couleur posées ici ou là, comme le bahut dans la cuisine, une desserte, les chaises qui entourent la table de la salle à manger, la roulotte, ou encore la cheminée suspendue installée dans la pièce principale.

Ci-contre : Sous la coursive de l'étage, s'est glissée une caravane Rapido des années 1970. Elle fait office de chambre d'amis, entre une cheminée JC Bordelet vert céladon en lévitation, un tigre en peluche allongé sur le canapé et un bidon Antar en guise de guéridon. Siège de pêcheur en Skaï rouge et rideaux fleuris kitsh complètent cette panoplie de fantaisie.

Page de droite : La salle à manger s'inscrit dans la galerie qui jouxte la cuisine, sous la coursive. Contre le bassin d'eau turquoise et sa plage en teck, la longue table – fabriquée par Gilles Cail – est entourée de chaises de récupération dépareillées et customisées. Au-dessus, une œuvre signée Mercier.

À l'étage – qui abrite chambres et salles de bains – un chemin de livres, sorte de labyrinthe vertical, œuvre de Gilles, court le long des murs tout autour des coursives. Solidement arrimé au sol et au plafond par des verins, il aboutit logiquement à la partie bureau.

Une solide réserve de bois, nichée sous l'un des escaliers, permet d'approvisionner la cheminée en insert. Côté rue, l'accès au lieu a gardé son aspect originel : une porte de garage anonyme…

CHEMIN DE LIVRES…

Deux escaliers en métal aux lignes graphiques ont été rajoutés. Sous l'un des deux est rangé le bois pour l'hiver. « Au rez-de-chaussée, l'idée était de donner l'impression d'une pluralité de pièces sans avoir ajouté de cloisons, explique le maître des lieux. En réalité, il n'y en a qu'une seule. » L'étage a été en revanche entièrement restructuré, ou plutôt subtilement déstructuré afin de créer des surprises visuelles. L'élément fort étant une bibliothèque qui fait le tour des murs, sorte de chemin de livres réalisé avec les planches d'un très vieux chêne provenant de wagons de la SNCF des années 1930. Côté déco, la poésie est de mise. Dans le salon, la caravane transformée en chambre d'amis, à côté de la cheminée suspendue, paraît couler de source. Dans la cuisine, le bahut suspendu mêle panneaux en métal brossé et plateau mélaminé laqué d'une couleur solaire. La table de ferme de la salle à manger a été également spécialement créée pour le lieu, avec des planches de pin que le propriétaire a achetées, sciées et assemblées. Autour, les chaises en bois naturel ou peintes dans des motifs abstraits viennent de chez Emmaüs, ou ont été trouvées dans la rue. Même travail sur l'essence des choses dans la chambre où le lit posé sur une estrade a été conçu avec des vieilles poutres d'une maison datant de la fin du XIXe siècle. « Une structure un peu japonisante, explique Gilles, histoire d'évoquer une certaine légèreté. »

UN LOFT DANS UN IMMEUBLE DU FAUBOURG

Volume lumineux, remodelage de l'espace, travail de la sobriété, utilisation de matières authentiques, choix de la monochromie... Tel a été le parti pris architectural pour métamorphoser trois pièces en un loft atypique situé dans un immeuble très classique d'un faubourg parisien.

PARIS | 60 M² | 1900 | RÉNOVÉ EN 2010

D'emblée, l'espace surprend, surtout dans un immeuble de quartier aussi traditionnel. La sensation de volume également, de calme, de lumière. Transformer trois lots en un loft aux volumes lumineux et à dimension humaine a donc été le défi relevé par l'architecte franco-libanais Chadi Abou Jaoude, auteur de nombreux lieux privés et publics contemporains. Pour habiter ce loft de soixante mètres carrés d'une âme d'aujourd'hui, il a décliné ses règles en matière d'architecture intérieure et d'architecture tout court, son amour de la simplicité, des tonalités neutres, des matières nobles et authentiques, son goût également pour une certaine minéralité, legs sans doute d'une éducation et d'une culture passées en Orient.

Situé dans un immeuble ancien du 11ᵉ arrondissement parisien, l'espace se répartit sur deux niveaux et comprend une grande pièce de réception de quarante mètres carrés avec, en toile de fond, une cuisine ouverte aux lignes dépouillées, une chambre de vingt mètres carrés située à l'étage, avec salle de bains ouverte également, et à laquelle on accède par un escalier en fer. « Nous avons cassé les cloisons pour ouvrir les espaces et laisser entrer la lumière, explique Chadi Abou Jaoude, capitale ici pour rendre le plus chaleureux possible ce lieu de vie destiné à accueillir une personne seule ou un couple. Le côté atypique de cette réalisation réside en revanche dans le mélange des genres, dans le fait que ce loft très contemporain se situe dans un vieil immeuble du faubourg. Mais également dans des détails décoratifs industriels, dans des partis pris architecturaux, tel l'escalier

Page de gauche : Au cœur du faubourg, hier quartier industrieux d'artisans et d'ouvriers, aujourd'hui nettement plus hype, un mini-loft déploie son volume « augmenté » sur deux niveaux. Ici, dans un registre minimal, la partie cuisine et repas.

Ci-dessus : Assis sur son escalier, Chadi Abou Jaoude, architecte « en marche », auteur de cet espace lumineux, totalement repensé sous sa férule radicale.

minimaliste posé aux deux tiers de la pièce, les poutres dévoilées en partie au-dessus de l'espace salle à manger, et là uniquement afin de ne pas appesantir et monopoliser l'attention. »

UN MÉLANGE DE SOBRIÉTÉ ET DE RADICALITÉ

L'attrait que l'architecte porte depuis toujours à la sobriété, à la ligne, à la lumière, et plus concrètement à la noblesse de la pierre, du marbre, du chêne brut, au gris anthracite, au mobilier de John Pawson et de Vincent Van Duysen, se retrouve également ici dans le parquet en chêne massif, dans les murs blancs, dans l'absence de couleurs fortes, excepté la cuisine ébène ou encore la tonalité rouge des douilles et des fils électriques des ampoules descendant très bas. Ce goût pour la radicalité se retrouve enfin dans la décoration minimaliste composée de mobilier industriel, ou récupéré, tel cet établi en bois vermoulu comme s'il avait séjourné sous la pluie, ou encore cette table dessinée sur mesure entourée de bancs d'école et de chaises Charles & Ray Eames.

Ci-contre : En reflet dans le miroir Louis XVI serti de bois doré, la table dressée et l'escalier en amorce, sur fond de mur blanc immaculé.

Page de droite : Sur le mode linéaire, les plans se succèdent. Côté repas, table à plateau en chêne naturel et piètement en tubulures de canalisation, banc d'écolier et chaises signées Charles & Ray Eames. Puis, en guise de desserte, un établi en bois brut. Et enfin le plan de travail de la partie cuisine en total look black, sur un parquet teinté dans le ton de la poutraison.

À gauche : À l'étage, la chambre vue de la partie salle de bains, avec sa vasque et son miroir suspendu. Au mur, et en guise de tête de lit, des pans de bois sont laissés apparents, dessinant une épure graphique ponctuée d'une paire d'appliques *Toloméo* d'Artemide. En contrepoint, une parure façon code-barres, habille le lit.

Ci-contre : Jouxtant le côté salle à manger, l'espace salon ferme l'enfilade éclairée par ses trois fenêtres donnant sur la cour. Le miroir classique encadré de bois doré renvoie la lumière dans toute la pièce. Pour le confort au coin du feu, cheminée vêtue de noir et canapé gainé de flanelle anthracite face à la table basse roulante, design Marc Held pour Prisunic (1966).

LES VESTIGES D'UNE MÉTALLERIE

C'est un lieu inhabituel, situé au cœur de Saint-Germain-en-Laye, une ancienne métallerie que Stéphane et Sandra ont acquise en 2013, et qu'ils ont transformée en un lieu de travail chaleureux et familial sur lequel plane la passion des propriétaires pour l'architecture et le design.

SAINT-GERMAIN-EN-LAYE | 435 M² | 1970 | RÉNOVÉE EN 2013

Ce fut tout d'abord une cour pavée qui servait à ranger les calèches, puis un garage Simca dans les années 1950 et enfin une ancienne métallerie dans les années 1970. C'est dans cet état, très brut, que Stéphane et Sandra l'ont acquise, charmés par la structure Eiffel qui soutenait la charpente, la lumière, les volumes, les matériaux et l'atmosphère générale. « Mon mari et moi sommes tous les deux originaires de Saint-Germain-en-Laye, explique Sandra, et lorsque nous étions jeunes, nous passions très souvent devant ce bâtiment étrange qui nous fascinait et nous faisait déjà rêver. »

Certes, le lieu n'est plus aujourd'hui ce qu'il fut, même si la structure architecturale a survécu au temps. Les quatre cent trente-cinq mètres carrés, répartis sur deux niveaux, cumulant espaces de création, de commerce et de travail, ont donc été entièrement rénovés, avec, au rez-de-chaussée, un open space à usage multiple, comprenant une cuisine et une grande réserve, et à l'étage, une surface divisée en coin kitchenette, espace ouvert de travail et de bureaux. Diplômé de l'École supérieure des arts modernes de Paris en 1988, collectionneur de voitures de sport, peintre abstrait à ses heures, Stéphane a installé à l'étage, qui s'articule autour d'un puits de lumière, sa société d'architecture et d'architecture intérieure qu'il a créée en 1993, en suivant les règles qu'il applique à tous ses chantiers, volume, circulations, perspectives, lumière.

Page de gauche : Le niveau 1 de ce bâtiment à sheds est voué à l'atelier d'architecture. Au premier plan, l'espace d'accueil avec son canapé Hay gris flanelle, éclairé par un lampadaire Serge Mouille, sous la vigilance du chien en résine orange Puppy signé Eero Aarnio chez Magis.

Ci-dessus : Portrait de l'architecte et propriétaire des lieux, Stéphane Labruyère, accoudé à une Mini (1997), sur fond de portants métalliques dans une ancienne métallerie, aujourd'hui muée par ses soins en atelier d'architecture et galerie d'exposition pour ses « joujoux à roulettes » !

Si la structure métallique n'a pas été touchée, le rez-de-chaussée a subi en revanche un décaissement afin de baisser le niveau de l'étage sur lequel a été posé un parquet en chêne. Plus de minéralité et de contrastes lumineux au rez-de-chaussée avec son sol en résine grise et son plafond en bois peint en noir.
La décoration suit la même veine vintage. Mobilier dessiné sur mesure, malles anciennes, luminaires Kreon, mobilier Ikea mélangé à des icônes du design du XXe siècle, comme les chaises d'Harry Bertoia entourant la table de la salle à manger en chêne... composent un univers à la fois épuré et chaleureux.
« Malgré ses volumes, sa monochromie et sa décoration très dépouillée, voire fonctionnelle, notre loft a toujours été extrêmement agréable à vivre, conclut Sandra, d'autant plus qu'on ne soupçonne absolument pas de l'extérieur l'atmosphère si particulière qui y plane. »

Ci-dessous: Vus de la verrière qui cerne le puits de lumière, la galerie d'exposition au niveau 0 et le bureau de Stéphane Labruyère au niveau 1, derrière les vitres d'atelier.
Vue du niveau 0, en contre-plongée, la meurtrière du palier qui éclaire l'escalier accédant à l'étage

Page de droite: Le vaste rez-de-chaussée au sol en résine grise polie abrite, outre la collection d'automobiles du maître de céans, ses œuvres picturales. Les colonnes de soutènement et autres IPN d'origine ponctuent l'espace organisé autour d'éléments de rangement en multiplis de pin, éclairés par des suspensions de Tom Dixon.

248·WM

Mosa.
WOOD MARSH ARCHITECTS

Page de gauche : La salle de réunion au sol en chêne grisé Western, très lumineuse sous ses sheds en verrière, est meublée d'une table en chêne massif sur mesure entourée de chaises Bertoia vintage chez Knoll et de sièges *Eros* de Philippe Starck chez Kartell. Ce niveau était auparavant dévolu au stockage des barres en acier de l'ancienne métallerie.

Ci-dessus : Focus sur l'assemblage boulonné de la structure Eiffel, sur fond de gaines de ventilation. L'escalier d'accès au niveau 1 en béton poli et son duo de meurtrières cernées de noir.

Agences Espaces Atypiques

Ile-de-France
Paris Rive Droite – 92 – 93,
Paris Rive Gauche – 94,
Yvelines, Val d'Oise, Seine-et-Marne

Hauts-de-France
Lille, Picardie

Grand-est
Strasbourg, Colmar-Mulhouse

Bourgogne-Franche-Comté
Bourgogne

Auvergne-Rhône-Alpes
Lyon, Villefranche – Beaujolais,
Grenoble, Annecy, Savoie, Drôme – Ardèche

Provence-Alpes-Côte d'azur
Marseille, Aix-en-Provence, Avignon – Luberon,
Nice – Côte d'Azur, Saint-Tropez – Toulon

Occitanie
Montpellier – Nîmes, Toulouse – Albi – Montauban

Nouvelle-aquitaine
Bordeaux, Arcachon – Cap-Ferret,
Biarritz, La Rochelle – Royan

Pays-de-la-Loire
Nantes, La Baule, Angers, Tours, Orléans

Normandie
Deauville – Caen, Rouen

Bretagne
Brest

www.espaces-atypiques.com

Remerciements

Julien Haussy, ses équipes et les Éditions de La Martinière tiennent à remercier tous les propriétaires qui ont accepté d'accueillir dans leur espace privé, avec cordialité et sympathie, Alix de Dives, Jean-Marc Palisse et Serge Gleizes ainsi que les architectes et décorateurs qui ont accepté de témoigner et d'expliquer leur travail de rénovation :
Chadi Abou Jaoude, Philippe Berdalle, Marika Chaumet, David Juet, Laurence Gaches Philippe Labruyère, Michel Lassus, Maud Leroy, Elisabeth Manguin, et Cécile Simian

Julien Haussy exprime sa reconnaissance aux équipes des agences Espaces Atypiques :
Philippe Blaise, Lionel Bocquillon, Marlène Chabirand, Jean-Christophe Colombani, Laurent Coueron, Alexis Genet, Florent Guilloux, Matthieu Guimard, Franck Hebert, Jean-Marc Hebert, Michel Henocq, Éric Jacquard, Jérémy Jehan, Clément Kaufmann, Stéphanie Koutchouk, Teresa Lanza, Laurence Lavandier, Betty Lebrun, Frédéric Lebrun, Leandro Leo, Nicolas Leroy, Jérôme Louis, Véronique Madoré, Xavier Madoré, Muriel Marron-Eyraud, Dainée Maurice, Anita Merken, Hadrien Mondoloni, Clarisse Morin, Cédric Pinto, Vivien Prévot, Axel Renault, Sophie Standera, Laurent Surie, Ambre Thévenon, Alexandre Vanderme, Kévin Weyhaubt, Emmanuelle Zerr et Sophie Chevignac – coordinatrice.

Julien Haussy et ses équipes remercient l'équipe des Éditions de La Martinière :
Marie-Amélie Clercant, Charlotte Court, Jean-Marc Palisse, Alix de Dives, Serge Gleizes, Mathilde Jouret, Corinne Schmidt, Matéo Baronnet, Guillaume Launay et le sociologue Guy Tapie.

Les Éditions de La Martinière remercient l'ensemble des maisons d'édition de designers qui ont donné leurs autorisations. Elles restent à la disposition de toute personne qui, malgré tous leurs efforts, n'aurait pas été identifiée.

Page 33 : fauteuil LC1 le Corbusier © F.L.C. / Adagp, Paris, 2018
Page 49 : Le Tabouret 524 Berger-Charlotte Perriand © Adagp, Paris, 2018
Pages 56 et 59 : Fauteuils Utrecht-Gerrit Thomas Rietveld © Adagp, Paris, 2018
Pages 101 et 103 : Chauffeuse Barcelona-Ludwig Mies Van Der Rohe © Adagp, Paris, 2018
Page 105 : Mobile d'Alexander Calder, CALDER® is a registered trademark of Calder Foundation, New York ©, Calder Foundation, New York/Adagp, Paris,2018, all rights reserved.
Page 126 : Barcelona lit de repos, Ludwig Mies Van Der Rohe © Adagp, Paris,2018
Pages 165 et 166 : portrait de Bonnard, technique mixte, par Ernesto Antonio Vila Gonzalez © Adagp, Paris,2018

4e de couverture : Chauffeuse Barcelona-Ludwig Mies Van Der Rohe © Adagp, Paris, 2018

Photographies
Jean-Marc Palisse
Textes
Alix de Dives
Serge Gleizes
Relecture et correction
Cécile Dick
Conception graphique
Studio MB

Connectez-vous sur
www.editionsdelamartinière.fr

Photogravure : ARTICROM
Achevé d'imprimer en Slovénie
Sur les presses de l'imprimerie DZS GRAFIK DOO
Dépôt légal : Novembre 2018
Imprimé en décembre 2020
ISBN : 978-2-7324-8694-9

FSC www.fsc.org MIXTE Papier issu de sources responsables FSC® C112556

Éditions de La Martinière